D1171350

EL MITO DE LA DIOSA FORTUNA

JORGE BUCAY

Ilustraciones de José Luis Merino

 **integral**   DEL NUEVO EXTREMO

El mito de la diosa Fortuna

Autor: Jorge Bucay
Ilustrador: José Luis Merino
Diseño y realización: Compañía

© del texto, 2006, Jorge Bucay
© de las ilustraciones, 2006, José Luis Merino
© de esta edición, 2006, RBA Libros, S.A.
   Pérez Galdós, 36 - 08012 Barcelona
   www.rbalibros.com / rba-libros@rba.es
   2006, Editorial Del Nuevo Extremo, S.A. Juncal 4651
   (1425) Buenos Aires – Argentina.

Primera edición: junio de 2006

ISBN: 84-7871-685-8
Ref.: OALR100
Depósito Legal: B-16681-06
Impreso por Printer

A los amigos
cuya presencia
me hace sentir afortunado
de contar con ellos.

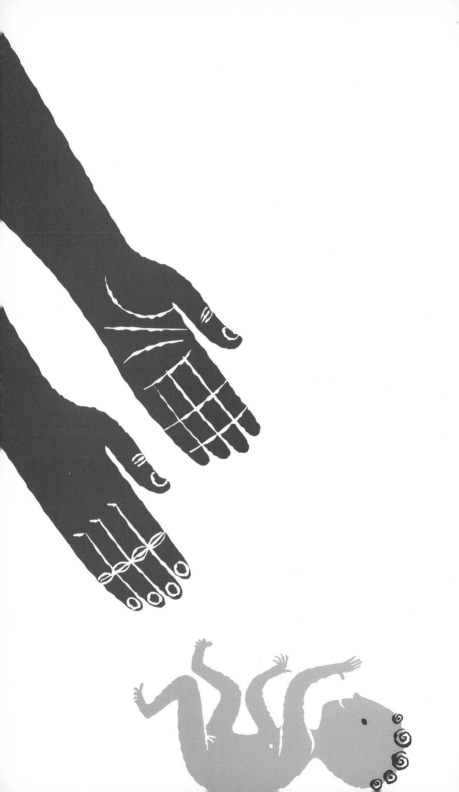

Muchos mitos para uno nuevo

El mito de la diosa Fortuna

Hace no demasiado tiempo, investigando los mitos populares, empecé a darme cuenta de que la leyenda de Tykhé de la mitología griega no alcanzaba a darme una respuesta satisfactoria que explicara la relación que casi todos nosotros mantenemos con la suerte, o con la idea de su existencia. Con un poco de sorpresa y mucho de decepción, comprobé después que tampoco me era suficiente lo que sugería la figura de Fortuna, su equivalente romano.

Ninguno de estos mitos (ni otros pertenecientes a los folklores más lejanos que, sobre el tema, llegaron a nuestros días) parece enseñarnos demasiado acerca de las contingencias que nos plantea la aparición de la suerte en nuestras vidas.

Resulta casi sospechoso que los pilares grecorromanos de nuestra cultura no hayan conseguido ponernos en claro, como sí lo han hecho con otros valores o virtudes mitológicas, cómo actuar respecto a la suerte o, al menos, qué hacer con su influencia.

Quizá, pensé, deberíamos animarnos a «modernizar» un poco su mito. Podríamos tal vez comenzar por hacer más contemporánea su leyenda.

Y entonces, conscientes del valor y de la fuerza de la metáfora, encontrar la manera de sacarle el mejor y más positivo partido a su historia.

Animado por esta idea, me he dedicado a recoger los textos y las imágenes de los grabados que nos han quedado de aquella antigua mitología grecorromana y a mezclarlos con aportaciones de otras leyendas (antiquísimas y contemporáneas) para intentar componer ese nuevo mito.

En la historia que encontrarás más adelante, después de algunas palabras acerca de la teoría de la suerte, aparecen, además de los ya conocidos dioses del Olimpo, datos, personajes y situaciones de las mitologías celta, india y nórdica, casi caprichosamente mezclados con imágenes y símbolos tomados de cuentos jasídicos, de parábolas sufíes o de alguna leyenda indígena de América.

Los siempre pertinentes y encantadores dibujos de José Luis Merino y las muchas veces impertinentes palabras de los dioses (producto de mi propia inventiva), completan esta propuesta: una especie de nuevo mito para ayudarnos a conocer y entender las veleidades de la diosa Fortuna.

Ojalá tengamos suerte y se cumplan los tres deseos de todos los que trabajamos en este libro:

Que te haga sonreír.
Que te guste leerlo.
Que te sea útil.

Capítulo 1

Dicen los libros indios que
dondequiera que el hombre ponga
un pie, pisa siempre cien senderos.
José Ortega y Gasset

Hace ya algunos años que investigo y estudio, tanto como puedo y lo poco que se puede, uno de los más controvertidos asuntos de la ciencia empírica: el tema de la suerte.

Me propongo en este pequeño libro contar las cosas que aprendí, algunas que he vivido, y muchas más que me explicaron los propios protagonistas relacionadas con el tipo de vínculo que cada uno establece con la deseada, buscada y temida diosa Fortuna.

Como muchas otras cosas de mi vida, todo empezó en un viaje...

El vuelo 1134 de Aerolíneas Argentinas alcanzaba la altura de crucero. Después de dar la bienvenida a bordo, el comandante apagaba la señal de abrocharse los cinturones. Algo más de diez horas me separaban de Madrid, veinte días de Costa Rica, un mes de México, casi tres de la feria de Montevideo, y algo más de mi regreso a Buenos Aires...

Extraña situación para un médico que abandonó la pediatría aún antes de graduarse, cambiándola por la psiquiatría, y que, con el paso de los años, se alejó un poco de los enfermos para trabajar mucho con los sanos. Antes había sido (y me siento orgulloso de todo ello) vendedor de calcetines callejero, payaso, agente de seguros, almacenero y taxista. En resumen, un estudiante de un barrio de clase media devenido en médico, devenido en psicoterapeuta, devenido en docente, devenido en conferenciante, devenido en columnista de radio, devenido en presentador de televisión, devenido en autor de una docena de libros de reflexión que circulan por varios países de habla hispana y hoy traducidos a una decena de idiomas.

En España me esperaba algún reportaje que incluiría, sin duda, una pregunta infaltable:

—¿A qué se debe, doctor Bucay, el vertiginoso fenómeno de venta de sus libros?

Justo antes de reclinar el asiento para encarar el desafío de dormir a bordo, tomé la decisión de que esta vez contestaría algo diferente del irónico «sería-bueno-saberlo» con el que siempre respondía a esa pregunta. Esta vez sería totalmente sincero. Pondría la mejor cara y diría lo que pienso realmente:

—Tuve suerte... Mucha suerte...

Al cerrar los ojos, me imaginaba al periodista dudando acerca de cómo calificar la respuesta. Como un exceso de humildad, como una frase elusiva o como una simple y llana estupidez.

Pensé, por último, que posiblemente mi respuesta implicaba un poco de las tres cosas pero que, de todas maneras, yo podía asegurar que era la pura verdad. Ciertamente, tuve mucha suerte.

Descreo y cuestiono la mayoría de los méritos que algunos suponen que me corresponden por haber llegado hasta aquí. Sobre todo porque otros, muchos otros, de quienes aprendo y muchos a quienes conozco y admiro, nunca han podido acceder a algunas de las cosas que me pasaron a mí, ni han tenido aún una verdadera oportunidad de que sus obras trasciendan tanto como se merecen.

Fiel a mi costumbre de intentar reemplazar con un cuento corto alguna explicación que sería demasiado larga, recurro hoy a esta historia que, proféticamente, me contaba mi abuelo, medio siglo atrás.

Había una vez un pueblo muy particular en un país muy lejano, cuyos habitantes compartían hábitos y tradiciones tan extraños como originales. Al crecer, cada joven de la ciudad debía acercarse a un enorme local instalado cerca de la plaza al que todos llamaban «La Proveeduría». Allí cada joven podía y debía retirar un cubierto (cuchara, cuchillo o tenedor) que le entregaría el Ayuntamiento y que cada uno usaría durante los siguientes años para poder comer.

Como decían los más ancianos del pueblo: «Para comer, en el mundo en el que vivimos, se han de usar cubiertos... Por lo menos para comer con dignidad...».

Uno de esos jóvenes, al que llamaremos Giorgio, se enteró un día, junto con otros vecinos y compañeros del barrio, de que debía presentarse en «La Proveeduría» a retirar el cubierto que le entregarían para poder comer valiéndose de él. Después de postergar la decisión varias veces, una mañana decidió ir a por el suyo.

En el camino, Giorgio pensaba en qué iba a pedir. Después de todo, era una herramienta que posiblemente lo acompañaría durante muchísimos años. Éste sería el único cubierto que recibiría gratuitamente...

El joven se decidió por el tenedor. Una herramienta práctica, estéticamente hermosa y, como se iba diciendo mientras se acercaba, posiblemente insustituible.

—¿Tenedor? —le preguntó el dependiente con una expresión compasiva—. No, jovencito. Los tenedores se agotan cada mañana con las primeras cincuenta personas. Todos quieren tenedores. La gente hace colas frente al local durante tres noches para pedir un tenedor.

Giorgio se sintió casi halagado al saber que su elección era acertada, aunque por el momento su acierto no alcanzaba para conseguir lo que pretendía.

—Entonces voy a llevarme un cuchillo —dijo, negándose por principio a hacer una cola de tres días para conseguir un tenedor.

—Cuchillos tampoco tengo —sonrió el dependiente—. Después de los tenedores, lo primero que se agota son los cuchillos. Si pretendes conseguir uno deberías venir muy temprano por la mañana... Mucho más temprano que hoy.

Giorgio sabía que la única cosa que le molestaba más que levantarse temprano era tener que hacer dos viajes para la misma cosa. Posiblemente por eso preguntó, con cierta ingenuidad:

—¿Y qué hay?

—¡Cucharas! —le contestaron, como era previsible.

—¿Cucharas? —repitió—. ¿Y eso es todo? ¿Solamente cucharas?

—Es lo único que nos queda —concluyó el dependiente a modo casi de disculpa—. A esta hora...

«Cucharas», pensó Giorgio. «Las cucharas no cortan ni pinchan...»

Las personas que estaban en la fila, detrás del joven, esperando ser atendidos, cuando escucharon la conversación fueron abandonando la tienda mientras pensaban en volver temprano al día siguiente a por el cuchillo, o regresar esa noche y acampar frente a «La Proveeduría» para intentar conseguir uno de los deseados tenedores.

—A ver las cucharas... —se animó a pedir Giorgio.

Las que quedaban, que no eran muchas, le recordaron la casa de su abuela.

Eran unas de aquellas enormes cucharas amarillentas, reliquias de la época de María Castaña. No eran bonitas ni prácticas ni brillantes, y hasta Giorgio, que no era demasiado refinado, se dio cuenta enseguida de que estaban allí porque nadie las había querido... Pero él estaba ya en «La Proveeduría», y era todo lo que había.

Como siempre pasaba, los madrugadores y los esforzados se habían llevado lo mejor...

El señor que despachaba miró impaciente el reloj de pared; se acercaba la hora de cerrar.

—Me llevo ésa —dijo al final el joven, señalando la menos abollada.

Más conforme que satisfecho y más aliviado que contento, el muchacho salió de «La Proveeduría» con su enorme cuchara en la mano.

Esa tarde, cuando Giorgio salió a la calle con lo único que había podido conseguir, sucedió algo inesperado, algo que nunca antes había pasado...

¡¡¡LLOVÍA SOPA!!!

Nadie podía creer lo que estaba pasando... Tampoco el protagonista, pero el caso es que durante días y días, llovió sopa.

Y quise empezar por esta historia que me contaba mi abuelo porque, más allá de la fábula, en la vida real y cotidiana, todos nos enfrentamos de vez en cuando con momentos tan especiales como éste. Situaciones en las que algunos hechos

que no hemos decidido ni elegido del todo cambian significativamente el rumbo de lo que sigue.

A mí me pasó... Y quizá por eso he dedicado todo este tiempo a investigar el asunto.

Y supe que eso es lo que la gente llama suerte.

Aprendí que, en estos y en otros casos, siempre hay algunos que aplauden de pie lo que interpretan como tu sabia decisión de elegir una cuchara cuando estaba a punto de llover sopa...

Aprendí que siempre están aquellos que dicen envidiar la lucidez que en realidad no tienes....

Aprendí que siempre aparecen los que, sin darse cuenta de lo sucedido, dicen que admiran tu visión previsora de los hechos...

Y aprendí también, triste y dolorosamente, que nunca faltan los que se retuercen de odio, quizá porque hubieran querido estar en tu lugar en ese momento y deciden, desde el rencor o desde la peor de las envidias, que no te mereces nada de lo bueno que pueda sucederte.

Pero quizá lo más interesante de todo lo que aprendí es que, si bien la suerte no depende sólo de ti, también depende de ti. Quiero decir que siempre hay algún mérito en el que tienes suerte.

El mío, en todo caso, fue aceptar llevarme lo único que había para mí en el reparto.

Sé que me conformé con lo que nadie quería.

Y sé que no fue por visionario, porque era imposible prever lo que después sucedió.

Podría no haber llovido.
Podría haber llovido pollo al horno.
Podrían haber caído piedras.
Pero llovió sopa.
                    Y yo estaba ahí... Con la cuchara.

Capítulo 2

Un poco de teoría

El teatro, el cine y la literatura de ficción de todos los tiempos han estado siempre inundados de referencias a la influencia de la suerte en nuestras vidas. Desde William Shakespeare hasta Woody Allen, el azar y el destino recorren las palabras de todos los personajes de ficción y de la historia para hacernos conocer las situaciones que les toca vivir siendo víctimas o beneficiarios del manto de la diosa Fortuna. Y, si bien es cierto que las publicaciones un poco menos profundas, dirigidas a un público quizá menos exigente, periódicamente se hacen eco de este interés, también es verdad que, como bien lo señala Albert H. Carr,[1] se han dicho

---

[1] A. H. C. Carr, *Cómo atraer la buena suerte*, Obelisco, Barcelona, 1995.

sobre la suerte más tonterías que sobre ningún otro tema, incluso más que sobre el amor, sobre la política o sobre la justificación de las guerras.

Al leer acerca de afortunados y desgraciados, un par de interrogantes aparecen una y otra vez en los libros y en la mente de todos los que nos hemos detenido a investigar un poco sobre el tema...

¿En pleno siglo XXI se puede creer seriamente que existe la suerte?

Dicho de otra manera, ¿es posible que alguien medianamente inteligente sostenga con seriedad que una fuerza externa a nuestra conducta y pensamiento es capaz de influir significativamente en nuestras vidas?

Y todavía una duda más.

Tal vez la más trascendente.

Aún aceptando que existe la suerte, ¿es admisible caer en actitudes ridículas o francamente irracionales para intentar volcar la suerte a nuestro favor, cambiando la lógica y natural correspondencia entre lo hecho y el resultado obtenido?

Como les ocurrió a muchas otras personas, estas preguntas captaron mi interés desde la primera vez que me las formulé, tanto en mi vida personal como en mi tarea de psicoterapeuta, tanto más cuando, al empezar a buscar información, me di cuenta de que fueron realmente pocos los científicos de la conducta, los filósofos, los terapeutas o los expertos en *management* que se han animado a abordar el asunto de la buena y la mala fortuna.

Me propongo investigar junto a ti la historia y la veracidad de algunos planteamientos que esos osados han hecho antes sobre la suerte, y compararlos con nuestras propias experiencias para, si fuera posible, encontrar nuevas respuestas, si no definitivas, al menos satisfactorias.

Las posturas

Generalizando, se podría decir que existen tres grandes líneas de pensamiento que resumen más de un centenar de ideas, explicaciones o teorías acerca de la suerte. Tres posturas que engloban casi todo lo que el hombre ha debatido, pensado, analizado y enseñado desde la Antigüedad hasta nuestros días y que aparecen insinuadas en cada una de las frases y citas que, viajando en el tiempo, han llegado hasta nosotros para animarnos o advertirnos, con seriedad o ironía, de los designios impredecibles del azar, el destino y la fortuna.

Cada una de estas tres líneas se apoya en una idea alrededor de la cual se desarrolla la correspondiente postura.

Las tres ideas fundamentales son básicamente éstas:

I. La suerte NO existe.

II. La suerte existe y su influencia no depende en absoluto de nuestro deseo o nuestras acciones.

III. La suerte existe y nos afecta, pero se puede actuar sobre ella para conseguir buenos o malos resultados.

I. La suerte NO existe

Ésta es básicamente la postura de todos los cientificistas que intentan privilegiar siempre la razón y que, por norma, se niegan a aceptar todo lo que no sea medible, producible y registrable. Para muchos de los que viven interpretando los hechos a través de la lógica, simplemente no existe la suerte.

Afirman que todo cuanto sucede tiene un motivo, una causa (aunque permanezca desconocida), una razón de ser y suceder.

Siendo así, preguntan: ¿cómo se puede hablar de suerte?

La casualidad no es, ni puede ser,
más que una causa ignorada
de un efecto desconocido.
Voltaire

Para ellos, lo que acontece en nuestra vida y en la historia de todos es la consecuencia de la suma confluyente de todas sus causas (aunque desconozcamos algunas) y, a partir de ellas, la realidad se constituye en el único resultado posible e inevitable. Su discurso, como suele serlo, es sólido y convincente. Sin embargo...

La inteligencia es útil en todo,
pero no suficiente para todo.
Henri F. Amiel

En la práctica, no importa cuán escéptico sea alguien respecto a este tema ni cuán racional aparente ser. Lo cierto es que pocos son los que nunca le dirían a un amigo «te deseo suerte» cuando se enfrenta a un complicado desafío, o los que se resistan a utilizar una fórmula equivalente cuando uno de sus hijos está a punto de realizar un examen importante. Supongo que habrá algunos, aunque personalmente nunca me he topado con ninguno.

Ese hecho aparentemente vano y sin importancia nos obliga a pensar que, aunque no estén dispuestos a admitirlo, los más racionales también reconocen, muy en el fondo, la presencia de lo casual en cuanto nos rodea, la influencia de la suerte en sus vidas, cierto poder de lo fortuito en el destino de los hombres.[2]

II. La suerte existe y su influencia no depende en absoluto de nuestro deseo o nuestras acciones

Para muchos otros, en el extremo opuesto, la suerte aparece indiscutiblemente asociada a la realidad comprobable de los hechos cotidianos.

Esta creencia, muchas veces justificada por algunas conclusiones más o menos irracionales, está emparentada, hay que admitirlo, con supersticiones o antiguas costumbres familia-

---

[2] Quiero aclarar desde ahora que, cuando me refiero al destino en este libro, no lo hago de forma metafórica, refiriéndome al «destino del hombre», usándolo como sinónimo de rumbo o de meta última de todos, ni tampoco en el sentido de un punto de fuga intangible para la humanidad. Cuando hablo de destino me refiero al sentido más coloquial de la palabra, el destino como un supuesto orden prefijado de acontecimientos que son capaces de determinar una realidad específica y una secuencia posterior previsible. Un concepto de «hecho consumado» con anticipación que fija y establece, irremediablemente, el futuro de cada uno y del universo como un todo.

res o populares de origen incierto, nacidas de la humana necesidad de explicar por qué las cosas suceden como suceden, más allá de lo previsible.

Para disgusto de algunos, sobre todo de los más fanáticos racionalistas, la posición de estos «devotos de la diosa Fortuna», plagada de ideas claramente ingenuas e infantiles, se completa con la convicción (cuando no certeza), de que se podría hasta cierto punto condicionar nuestro futuro apoyándonos en los «infalibles poderes» que poseen sobre lo imprevisto, los tréboles de cuatro hojas, los espejos rotos, los números nefastos o las patas de conejo, por hablar solamente de los mitos más conocidos.

Los azares de la vida son tales,
que toda eventualidad es posible.
André Maurois

III. La suerte existe y nos afecta, pero se puede actuar sobre ella para conseguir buenos o malos resultados

Esta tercera posición podría responder al desafío de intentar compatibilizar de alguna manera razonable las dos posturas anteriores, dado que aquéllas nunca se sostienen por sí mismas o por lo menos parecen fácilmente cuestionables.

Esta postura es la que sostienen, con diferentes matices, todos los que creen que es posible aprender racionalmente a construir nuestra suerte, a crearla, cambiarla o convocarla.

Todo parece indicar que entre un héroe y
un hombre común que pasa en la oscuridad toda su vida,
no hay más que una oportunidad...

Antonio Aparisi y Guijarro

La tercera posición está maravillosamente expuesta por Àlex Rovira y Fernando Trías de Bes en su exitoso libro *La buena suerte*.[3] En él, los autores nos proponen, entre otras cosas, que «nos ocupemos de» y que «aprendamos cómo» crear las circunstancias de la buena suerte. Los autores explican esta postura e intentan enseñarnos didácticamente desde su libro cómo podríamos llevar a cabo el reto de «crear la buena suerte».

Crear buena suerte
únicamente consiste en...
¡crear circunstancias!
La buena suerte
solamente depende de Ti.

Àlex Rovira y Fernando Trías de Bes

Los que trabajan y piensan desde esta posición, y también los que intentamos encontrar nuevas posturas, quisiéramos, seguramente, resolver el conflicto que enfrenta, desde hace siglos, a los que confían y a los que se burlan del concepto de la suerte y de su influencia.

---

[3] *La buena suerte*, Urano, Barcelona, 2004.

Si entre todos lo consiguiéramos, habríamos colaborado a que nuestra sociedad se deshiciera de algunos molestos obstáculos para su crecimiento, dado que es indudable que un mundo que permanece dividido y ambivalente respecto de un tema cualquiera —no sólo el de la suerte— no puede ofrecer sobre ese tema más que mensajes contradictorios.

Esta simple conclusión quizá nos ayude a comprender por qué los mensajes recibidos en nuestra infancia (llenos de mandatos y permisos) nos condenan, como veremos más adelante, a sostener posturas confusas y contrapuestas respecto del azar, la suerte y el destino.

Se nos enseña, por un lado, a cuestionar lo que no podemos controlar, y por otro lado a creernos afiliados de por vida y de forma irreversible al club de los afortunados o al de los desgraciados, sin apelaciones.

En todo caso, sea cual sea tu propio nivel de contradicción o el lugar en el que tú te encuentras entre estas posturas, te dejo la pregunta con la que el doctor Richard Wiseman te recibiría en su «Escuela de la suerte», en Londres, para que la pienses sinceramente antes de seguir leyendo:

Si tuvieras que elegir forzosamente una respuesta...

> ¿Te definirías como una persona que, en general, ha tenido buena suerte o todo lo contrario?

Respondiendo a la pregunta: ¿prueba eso algo?

Más allá de tus creencias filosóficas o religiosas, te pregunto si te consideras una persona a quien la suerte ha favorecido a lo largo de su vida o, por el contrario, eres uno de los castigados por la azarosa distribución de las calamidades.

En otras palabras y como diría doña Chela, mi madre: «¿Eres una de las personas que nacieron "con estrella" o una de las que nacieron "estrelladas"...?».

Si realizásemos un ensayo sobre el tema, parecería que saber cómo calificas tu vida en relación con la suerte es un asunto irrelevante. Sin embargo, según nos enseña el doctor Wiseman, dista mucho de serlo.

Simplifico y vuelvo a hacerte la pregunta: ¿eres una persona con suerte?

Yo siempre he tenido muchísima suerte, toda mala.
Mario Moreno, «Cantinflas»

Según los estudios realizados por el médico inglés y confirmados por otros investigadores de todo el mundo, más de la mitad de las personas cree que tiene buena suerte; casi un 20 % cree que ha tenido buena y mala suerte distribuida más o menos equitativamente a lo largo de toda su vida; y una de cada diez piensa que siempre o casi siempre ha tenido mala suerte.

El resto de los encuestados, aproximadamente un 15 %, dice no creer que la suerte exista o se niegan a decir en voz alta en qué grupo se incluirían.

Pero lo más interesante de estos estudios no es el dato estadístico de las respuestas, sino el seguimiento posterior de los encuestados y la confirmación de un dato inquietante:

> Aquellas personas que dicen ser afortunadas
> obtienen estadísticamente más resultados favorables
> o coincidentes con su deseo
> que aquellos que creen lo contrario.

Esto quiere decir que los hechos investigados y medidos señalan que a todos los hombres y mujeres que dicen tener suerte, les va mejor que a los demás.

Quizá, para confirmar su postura desde un principio, el libro de Wiseman[4] empieza con la cita de dos antiquísimos proverbios:

Si un hombre sin suerte vendiera paraguas,
dejaría de llover.
Si después vendiera velas,
el sol no se pondría.
Si entonces decidiera probar fortuna
vendiendo ataúdes...
la gente no se moriría nunca.

Parábola judía

---

[4] *Nadie nace con suerte*, Temas de Hoy, Madrid, 2003.

Si tiras al mar
a un hombre con suerte,
saldrá con un pez en la boca...

Refranero árabe

¿Es ésta la confirmación empírica de que la suerte es una realidad objetiva?

¿Prueba este análisis que, lamentablemente, ella sólo acompaña a los que hayan «tenido la suerte» de «nacer con suerte»?

Me atrevo a anticipar que no. Veremos en cualquier análisis que hagamos o descubrirás tú mismo, si miras a tu alrededor con mirada de investigador, la peculiar manera de reaccionar de aquellos que, por anticipar sus fracasos, terminan actuando en consecuencia.

Creo sinceramente que los que se sienten afortunados tienen, de promedio, una actitud más optimista (especialmente frente a las cosas nuevas) y un comportamiento más constructivo, positivo y comprometido frente a las dificultades.

Esto debería ser suficiente para explicar por qué los buenos resultados acompañan más a los «suertudos» y a la vez les confirma que tienen suerte.

Por otro lado, y con el mismo razonamiento, los resultados nefastos parecen tener predilección por los que se han colgado la etiqueta de desgraciados de las circunstancias, lo que, por supuesto, les confirma su desgraciada y desventajosa posición.

Posiblemente el conocimiento cada vez más generalizado de este concepto explique por sí mismo el porqué de la existencia de la sorprendente escuela de Wiseman en Londres y también aclare la creciente demanda de mayor información acerca del controvertido tema de la suerte.

Es famosa la anécdota del cotizado pintor que, tras buscar en vano durante meses un efecto pictórico, arrojó el pincel contra el lienzo en un arranque de rabia y desesperación y, casualmente, el efecto apareció.

La aparición azarosa del trazo ideal fue un golpe de suerte, esto es evidente…

Sin embargo, la gran pregunta es: ¿cómo pudo reconocer el artista que ése era el trazo buscado?

Es evidente que, más allá del evento fortuito, que no vamos a negar, el mérito del encuentro sólo le pertenece a la sensibilidad artística del pintor.

Y entonces aparece una nueva pregunta: ¿tener ese talento será también un golpe de suerte?

No basta con la suerte de tener
talento, hace falta también
el talento de tener suerte.
H. Berlioz

Capítulo 3

Cuando lo aprendido no ayuda

Como era previsible, la ausencia de una postura socialmente aceptada respecto de la buena o mala suerte, sumada a la falta de una verdadera definición que limite su alcance, generaron en nuestros educadores una confusión que no pudo dejarnos como herencia más que una cantidad de mensajes contradictorios con su lógica y penosa consecuencia.

Se nos enseña, por ejemplo, que no es posible tener todo bajo control, que «el que no arriesga no gana», que siempre es bueno «probar suerte» porque «el no, uno ya lo tiene»... Y algunas otras cosas que se nos repiten para animarnos:

El azar sólo favorece
a quien sabe cortejarlo.
Charles Nicolle

Por otra parte, se nos insiste en los terribles costes que tuvieron que pagar aquellos que «confiaron demasiado en su suerte» a la hora de tomar decisiones, porque «el diablo siempre mete la cola» y «lo que nunca ha sucedido podría suceder esta vez y terminaría arruinándolo todo»...

La fortuna vende muy caro
lo que parece regalar.
Vincent Voiture

¿En qué quedamos?

Está claro que obedecer cualquiera de los dos consejos «a rajatabla» podría extraviar nuestra conducta peligrosamente, pero también está claro que obedecer a ambos mensajes a la vez terminaría con nosotros ingresados en un sanatorio psiquiátrico con un cuadro de doble personalidad...

Empezando a definir

Permítaseme poner un límite al alcance semántico del concepto de la suerte, por lo menos para estas páginas. Quizás esto pueda ayudarnos a decidir qué lugar estamos dispuestos a concederle en nuestras decisiones y, por ende, qué espacio terminaremos reconociéndole en nuestras vidas.

> En principio, hablamos de suerte cuando alguien se ve afectado significativamente por un acontecimiento inesperado.

Dicho de otra manera, deben darse ambas cosas (sorpresa e impacto emocional) para hablar de suerte.

Si el evento es bueno (o malo) para el individuo pero no hay nada de «accidental» ni de imprevisible en el asunto, no hablamos de suerte. Por ejemplo: no pensamos que es una suerte que nos hayan dado el cambio de nuestras compras en billetes auténticos, porque no pensamos que pueda ser de otra manera. En este mismo ejemplo, empezaríamos a sentirnos afortunados al comprobar que solamente tenemos billetes legales en el bolsillo después de enterarnos de que hubo una ola de billetes falsos circulando por nuestro barrio y que varios de nuestros vecinos fueron víctimas de la estafa.

El factor de lo impredecible y hasta de lo injusto es crucial para que la suerte sea considerada como tal. Nos lo anuncia Mark Twain en Huckleberry Finn:

Complace más
el dólar encontrado en la calle
que los diez
cobrados como salario.

Es necesario recordar que, además de lo imprevisto, como anticipa la definición, alguien o algunos tienen que beneficiarse o perjudicarse con el evento, porque si el acontecimiento es absolutamente neutro para todos, tampoco hablamos de suerte.

Por poner un ejemplo sencillo, no es buena ni mala suerte que incidentalmente en este momento esté lloviendo en algún desolado punto del Pacífico... Salvo que imaginemos que alguien hubiera hecho con nosotros una apuesta al respecto.

Esto nos lleva a darnos cuenta de que la clasificación de ser afortunado o no serlo no puede ser más que subjetiva. ¿Quién más que yo puede evaluar los hechos de mi vida en este momento?

Y esto significa que casi cualquier situación puede hacerme sentir falsamente afortunado o falsamente desgraciado, pero también implica que algo puede estar siendo muy bueno para mí y yo ignorarlo, o todo lo contrario. Y, más aún: que un suceso puede ser muy malo para todos y no para mí, o viceversa.

Siempre me ha llamado la atención el siguiente planteamiento: la jovencita del pueblo que está perdidamente enamorada del delincuente más peligroso de la gran ciudad, finalmente lo conoce accidentalmente y consigue que él se enamore de ella. ¿Ha tenido buena o mala suerte?

> *No sólo la fortuna es ciega, sino que hace ciegos*
> *a aquellos que favorece.*
> Cicerón

En segundo lugar, uno puede creerse afortunado cuando en realidad lo que le está sucediendo es absolutamente predecible o es sólo la obvia consecuencia de mi comportamiento (o al revés, me parece usual lo que en realidad es para todos un fenómeno poco habitual o absolutamente inesperado).

Te cuento una historia, para ayudarte a sonreír:

Como su esposa no podía acompañarlo esta vez, Antonio invitó a su amigo Manuel a conocer Las Vegas. Después de explicarle la sencillez del juego de las tragaperras, Antonio dejó a su amigo en la sala de juegos con un cubo lleno de monedas y se fue a su habitual mesa de póquer. Dos horas después volvió a buscar a Manuel. Lo encontró frente a una máquina expendedora de gaseosas. Ponía un dólar, apretaba la tecla y sacaba una lata, ponía otro dólar, apretaba otra tecla y sacaba otra lata. A un lado había una montaña de latas de gaseosa.

—¿Qué haces? —preguntó Antonio.

—Estoy de suerte —dijo Manuel—. Llevo ganadas unas veinte latas. Hasta que no pierda, no paro.

En el presente hay sólo dos razones para subjetivamente sentir que he tenido buena suerte: podríamos asegurar que me siento afortunado cuando me suceden cosas buenas, para mí inesperadas, y también cuando NO me suceden las cosas malas que era de esperar que me pasaran.

La suerte ignorada

¿Recuerdas este viejo planteamiento filosófico?

> Un enorme árbol cae en un bosque solitario,
> no hay nadie que escuche,
> ni siquiera un insecto...
> El golpe del tronco contra el suelo...
> ¿hace ruido?

Teniendo en cuenta que mi primera respuesta a esta pregunta siempre ha sido afirmativa, aun sabiendo que no puedo demostrarlo, sostengo que el protagonista de un hecho sumamente afortunado tiene buena suerte, aunque él mismo no llegue a enterarse. Es más, aunque nadie se entere nunca y aunque esto genere algunas paradojas a la hora de evaluar quiénes son los que tienen suerte.

Piensa en este caso: el Sr. Smith choca con su automóvil y es ingresado en un hospital con traumatismo craneoencefálico. Por esa razón no llega a abordar el viaje inaugural del Titanic y salva su vida. Permanece en coma durante semanas. Cuando despierta queda con una lesión que lo deja con una amnesia de lo reciente y sordo de un oído. Los médicos y familiares deciden no contarle nunca que pudo haber muerto. Él, que no recuerda que se dirigía al Titanic, posiblemente nunca sepa de lo que se ha librado. La gente se asombra por su indudable suerte, aunque el Sr. Smith cree que el accidente automovilístico que le han contado que tuvo ha sido lo peor que le ha pasado en su vida. Termina así siendo un desgraciado para sí mismo y un afortunado para todos los demás.

¿Cuál es la verdad?

Ambas.

¿Puede ser?

Sí.

Todavía podríamos añadir a este razonamiento un planteamiento adicional: ninguno de los que jamás pensaron en viajar en el monumental trasatlántico es considerado siquiera levemente afortunado, ni se siente así, aunque también se podría decir que «sobrevivieron» al hundimiento.

La mera observación nos muestra que, para la concepción de la mayoría, los que escapan por un pelo tienen suerte, pero los que sobreviven sin haber estado en peligro no.

La sabiduría popular diferencia muy bien la sensación de «ganar» y la de «no perder», tanto como diferencia los riesgos imaginarios de los verdaderos peligros, especialmente cuando están en juego cosas fundamentales, como la vida.

Cualquiera podría conectarse con la sensación de haberse salvado si, frente a la noticia de un accidente en alta mar, pensara en términos de «podría habérseme ocurrido viajar» o de «alguna vez lo pensé»; pero la conciencia de haber tenido suerte aparece en toda su dimensión solamente si se ha corrido «verdaderamente» el riesgo y se ha salido indemne.

> *El que no ha sido puesto a prueba por la buena y*
> *la mala suerte, muere como un soldado que no*
> *ha visto nunca al enemigo.*
>
> Friedrich Max von Klinger

Déjame que te cuente un episodio de mi propia vida, sólo como ejemplo de lo que te quiero decir.

A finales de agosto de 1999 yo tenía reservado mi asiento 10-C en el vuelo local de LAPA, con destino a Córdoba. Un desafortunado error de organización en la provincia postergó la entrevista prevista para la tarde del día posterior a mi presentación. Por el mero beneficio de estar en casa una noche más, y aprovechando que el billete era de un puente aéreo, decidí viajar al día siguiente por la mañana.

El vuelo de LAPA del 31 de agosto a la ciudad de Córdoba, en el que yo debía viajar, nunca llegó a destino porque se estrelló en el aeropuerto de Buenos Aires al poco tiempo de despegar.

En el accidente murieron sesenta y tres personas, casi todas con asientos en las primeras filas de la máquina.

Me he subido a doscientos ochenta y seis aviones en los últimos dos años y he sobrevivido a todos esos vuelos. No estuve en ninguno de los veintiún aviones que se accidentaron en ese tiempo y todo esto me hace sentir agradecido y afortunado cuando lo pienso. Pero está de más decir que me siento mucho más afortunado por no haber subido a aquel vuelo en el que debía viajar que de haberme subido y bajado de todos los demás.

Como testimonio de mi buena suerte, cuelga en el tablero de corcho de mi consultorio, todavía hoy, siete años después, el billete sin usar de mi frustrado viaje hacia la catástrofe.

Capítulo 4

La fortuna da a muchos demasiado,
pero a nadie le da suficiente.
Marco Marcial

La injusta justicia de
los caprichos de la suerte

En todo lo dicho hasta aquí están las bases para comprender de qué hablamos: los alcances y las ramificaciones de la suerte, tal como se la concibe en este ensayo.

Sólo quedaría sumar lo que, a esta altura de nuestra investigación, debe ser obvio para todos: como no podemos obtener el conocimiento ni ejercer el control de todo lo que nos sucede a nosotros o a nuestros seres queridos, estamos de alguna manera en manos de lo impredecible.

Cuando caminamos «con el pie derecho», como se le dice en Buenos Aires a la racha de buena suerte, sentimos que el mundo nos sonríe y disfrutamos de una absurda sensación de reconocimiento por parte de Dios o del orden de las cosas hacia nuestra humilde persona. Cuando, por el contrario, las cosas vienen mal, nos preguntamos por qué las fuerzas misteriosas de lo divino «la toman con nosotros».

Imaginemos que encontramos una perla en una ostra, recogida mientras buceábamos en una playa desierta. De repente, un hecho «posible», aunque inesperado (que una ostra anide en una perla) se vuelve significativo porque nos afecta.

Como se ve, la posibilidad estadística se ha convertido en suerte, no sólo por las consecuencias presumiblemente favorables para nuestra economía, sino también por lo impredecible de la situación.

En el ejemplo, hasta que no nos damos cuenta de que «eso duro» es una perla, sólo podemos estar lamentando la desgracia de haber mordido una piedra en nuestra ostra. Y es más, si después de morderla la hubiéramos escupido en un cesto sin mirarla, nunca hubiéramos sabido de nuestra buena suerte. Y dado que las consecuencias beneficiosas desaparecerían, podríamos asegurar que ni siquiera hubo buena suerte, aunque los hechos fueron los mismos.

La suerte necesita de nuestra participación para favorecernos, pero deberá quedar claro que ni nuestra acertada actitud ni la suma de todos nuestros méritos y virtudes son suficientes para que las cosas salgan siempre según nos conviene. Muchas veces las cosas no terminan de acomodarse si no contamos, aunque sea un poco, con cierta ayuda de las circunstancias. Dice un refrán popular:

Alguien puede merecer un golpe de buena suerte,
pero nunca lo tendrá sólo porque se lo merece.

El azar, por supuesto, no es ecuánime ni ético ni razonable... Y mucho menos justo.

Lo sospechamos y confirmamos cuando la buena suerte beneficia a quienes nosotros sabemos que no se lo merecen o cuando la mala suerte golpea a los inocentes o desprotegidos.

Confieso que me inquieta darme cuenta de que la suerte de algunos y la mala suerte de otros, como dijimos, más de una vez claramente inmerecidas, conspiran contra la idea de justicia, entendida como un orden que concede a cada quien lo que le corresponde.

Algunos con ingenuidad y otros con mala intención, muchos como expresión supersticiosa de un pensamiento mágico algo infantil y otros tantos como parte de una estrategia comercial para vender sanaciones e influencias espirituales, abordan el asunto en términos causales de recompensa y retribución, de venganzas esotéricas o de herencias impagadas en vidas anteriores.

Yo, que por mi formación médica no puedo digerir demasiado estas lecturas, sólo me atrevo a reconocer que, por una razón u otra, la suerte no sólo llega sin invitación, sino también, la mayoría de las veces, sin justificación ni motivo.

A merced del azar

Como si fuera fácil de tolerar el caprichoso devenir de la diosa Fortuna en nuestro caos cotidiano, la ciencia actual, de la mano de la física cuántica, acaba de desafiar todo lo que hasta hoy sabíamos, rompiendo de un plumazo nuestros esquemas mentales al demostrar que, en el microcosmos molecular, el comportamiento de la materia sólida es absolutamente impredecible, o por lo menos tan lábil como para modificarse por la simple mirada del testigo que registra los hechos.

El tema no es banal, porque si utilizáramos este descubrimiento para derrumbar toda relación previsible entre la acción y el resultado, deberíamos, para ser coherentes, renunciar *sine qua non* a la crítica o al premio que se le da a alguien por sus logros.

Puede ser que en principio a ti no te parezca tan grave esta disociación, pero debes darte cuenta de que ella conduce necesariamente a cancelar la responsabilidad de quien actúa, y esto a reducir el concepto jurídico del delito, por ejemplo, a una mera evaluación de circunstancias e imprevistos, sin tener en cuenta los hechos en sí, ni el concepto de la ley ni el de la moral de la sociedad...

Concluiríamos por fuerza en aquella polémica aseveración de Orson Welles:

No existe la justicia,
sólo la buena y la mala suerte.

Y, siguiendo hasta el absurdo, llegaríamos a la aseveración de que el castigo por los crímenes de un delincuente es solamente una consecuencia de la mala suerte de ser atrapado, y no el resultado natural del comportamiento de la justicia.

No quiero que me digas ni que pienses que este comentario te recuerda cosas que has visto, vivido o leído, ya lo sé. Lo que me preocupa en todo caso es que, sumergidos en la tentación de sobrevalorar la influencia de las circunstancias, seamos cómplices de un exceso de «comprensión» y perdamos de vista esta otra frase, para mí mucho más significativa:

Si haciéndonos los distraídos
permitimos alguna injusticia,
de alguna manera las estaremos
autorizando todas.

Willy Brandt

Una de las escenas más dramáticas del mundo de la ópera es el acto final de *Rigoletto*.

Sediento de venganza, el bufón ha contratado a Sparafucille, un asesino a sueldo, para matar al duque de Mantua. Magdalena, la hermana del asesino y su cómplice, se ha enamorado del duque y le pide a aquél que no lo mate. El asesino le recuerda que no están en condiciones de despreciar tamaña suma de dinero. La mujer sugiere que mate al propio Rigoletto y se quede con el dinero. Sparafucille se ofende y afirma que él no es un ladrón. Magdalena le pide entonces que mate a cualquiera y entregue su cadáver a su patrón a cambio de la paga. Mientras Sparafucille duda, Gilda, la mancillada hija del bufón, enterada del plan de Magdalena y también presa de su pasión por el seductor duque, decide sucumbir a la tentación de morir por él y, haciéndose pasar por un pordiosero, se arroja sobre la espada de Sparafucille hiriéndose mortalmente. Los hermanos meten el cuerpo de Gilda en una bolsa para entregárselo al viejo, haciéndole creer que es el duque. Rigoletto llega cantando la alegría de su venganza. Recibe el cadáver en un saco y la urgente sugerencia de tirar el cuerpo de su enemigo al fondo del lago de inmediato. Ya en su bote, y justo antes de tirarlo, Rigoletto escucha, desde una ventana de la posada, la voz del duque que canta la incomparable *Donna é mobile*. Aterrado, intuye la desgracia y abre la bolsa para encontrar allí, agonizando, a su propia hija Gilda, víctima de su odio asesino.

La ópera termina con un Rigoletto que, llorando junto al cadáver de Gilda, grita: «Ahhh... *La maledizione...*», recordando así el odio con el que el conde Monterone lo maldijo en el final del primer acto.

¿Cuál, podríamos decir, es la razón de la muerte de la cándida e inocente Gilda? ¿Mala suerte? ¿Destino? ¿El terrible efecto de una maldición (como propone la trama)? Puede ser... Pero es necesario recordar que la tragedia de Rigoletto es, sobre todo, el resultado del deseo de venganza asesina del resentido bufón.

La suerte interviene en nuestras vidas

Todos estos ejemplos de la realidad y de la ficción confirman lo que la propia experiencia ya nos había anticipado: el trato que nos da la realidad escapa en gran medida a nuestro control.

Por molesto que sea, deberemos aceptar que no es del todo

posible prescindir de la intervención del azar y de su decisiva influencia, cualesquiera que sean los bienes o los logros a los que aspiramos: dinero, poder, prestigio, salud o trascendencia.

De hecho, aun en la aparentemente restringida tarea de ser quien soy, ni yo ni nadie podría decir, hablando propiamente, que nada tiene que ver la suerte con su condición.

Para ponerlo en los términos en los que suelo enunciarlo, si yo hubiera nacido solamente cinco manzanas más al sur de la casa en la que vine al mundo en el barrio de Floresta en la ciudad de Buenos Aires, mi realidad sería totalmente otra.

¡Cuidado! Esto no quiere decir que se pueda olvidar la propia responsabilidad y complicidad y la colaboración de otros muchos a la hora de construir la persona que soy; sólo significa que la realidad, incluida la interna de cada uno, se configura, como venimos diciendo, por una suma de cosas.

Todos tenemos dos vidas. La que nos
dan y la que podemos fabricar.
                Mary Carpenter

Y si remarco una y otra vez la influencia de la suerte y la forma en la que opera en nuestro turbulento universo, es porque me gustaría que nadie olvidase que la mayoría de los proyectos humanos, incluso los más pensados, ensayados y programados, deben ser considerados, en alguna medida, inciertos.

Sería bueno y realista aceptar con humildad que a veces el esfuerzo no basta, que las cosas pueden salir mal, que las previsiones pueden no ser suficientes, que la actitud, y sobre todo el desempeño de los demás, no puede, por supuesto, calcularse con exactitud (y a veces ni siquiera aproximadamente). Sería bueno aceptar estas limitaciones no para fortalecer nuestro pesimismo, sino para mantenernos alertas a los cambios de la azarosa realidad.

El Diccionario de la Real Academia define la suerte como:

> *Encadenamiento de los sucesos, considerado como fortuito o*
> *casual. // Circunstancia de ser, por mera casualidad,*
> *favorable o adverso a personas o cosas lo que ocurre o sucede.*

Y seguramente podemos coincidir a grandes rasgos con la definición, aunque a veces lo «casual» no es casual sino imprevisible, y a veces lo favorable para unos es al mismo tiempo adverso para otros... Y aunque no es lo más frecuente, sucede de vez en cuando.

Es muy conocida esta historia, ocurrida al final de la segunda guerra mundial.

En agosto de 1945, un bombardero dejó caer en Nagasaki la segunda bomba atómica (la primera había detonado días antes en Hiroshima).

Ésta tenía una capacidad destructiva aún mayor que la primera, equivalente a la explosión simultánea de 10.000.000 kilos de dinamita.

Lo notable y trágico es el hecho de que el avión que llevaba la bomba no había despegado en dirección a la portuaria ciudad del sur de Japón sino en dirección a Kokuro, una ciudad industrial del norte del país.

Lo que pasó es hoy parte de la dramática historia de cientos de miles de familias. Un temporal de lluvia y niebla (algo muy extraño en esa época del año) impidió que el bombardero sobrevolara su objetivo y, dado que el avión no podía regresar con la bomba, el comandante decidió dejar caer su carga letal donde las condiciones climáticas lo hicieran posible. La suerte de una inesperada tormenta que salvó a Kokuro se convirtió en sangre, destrucción y muerte para Nagasaki.

Utilizando una macabra conjetura, uno podría imaginar a los madrugadores de Nagasaki un minuto antes del estallido de la bomba, agradeciendo al cielo el día esplendoroso que sus compatriotas de Kokuro seguramente hubieran deseado ver al despertarse.

Relato esta historia y me apresuro a remarcar que la mayor parte de las veces las cosas no son tan extremas ni suceden así. Y digo que me apresuro porque no desearía ser cómplice de la dañina y autodestructiva idea de los que lamentan su buena suerte asumiendo caprichosamente que «se la están quitando a otro».

Me pregunto ahora si ésta no será una influencia «globalizada» de lo que Dan Greenburg denominó, hace un cuarto de siglo, la psicología de la Idishe Mame.[5] Una actitud retorcida

---

[5] Dan Greenburg, *Como ser una Idishe Mame*, Editorial de la Flor, Buenos Aires, 1994.

y culpógena que, como dice irónicamente el autor, no necesita de alguien judío ni de una madre para ponerse en marcha. Una pauta que todos aprendimos de niños y que, poco más o menos, parecía indicar que alguien debía sufrir a cambio de nuestro disfrute. La pauta del sacrificio que «purifica» el goce y por eso lo permite.

El mismo Greenburg pone un gracioso ejemplo para mostrar este condicionamiento, típico de la madre culpógena, que se sacrifica para que uno pueda disfrutar:

El hijo llama a su madre desde los Estados Unidos. Ha decidido contarle toda la verdad de su vida, que le viene ocultando para no soportar lo que sabe que le recriminará.

—Voy a Buenos Aires por unos días, mamá.

—Qué bien, hijo. Después de tantos meses sin verte...

—Sí, mami, pero hay algunas cosas que tengo que contarte. Voy con mi pareja.

—¿Tienes novia? ¿Cómo no me lo has contado? ¿Es judía la chica?

—No, mami, no es una chica, es un muchacho, es negro y no, no es judío...

—...

—Mami, ¿estás ahí?

—Sí, hijo, supongo que os quedaréis aquí en casa...

—No, mami, no queremos molestarte.

—¿Molestar? Ninguna molestia. No te preocupes por mí, podéis venir tranquilos... Total yo termino de hablar contigo, cuelgo y me muero...

Por esta educación o por otras razones, quizá más mezquinas, lo cierto es que a todos parece gustarnos la idea de que la vida funciona en un equilibrio permanente.

Analizamos nuestra existencia como si los hechos funcionaran en un columpio o como si fueran los platillos de una balanza.

Como si la administración de los sucesos fuera una ecuación algebraica en la que ambos lados deben tener un valor equivalente.

Como si los beneficios de algunos necesariamente debieran compensarse con el perjuicio de otros.

Podría citar cientos de ejemplos que demuestran que la mayoría de veces la buena suerte suele no dejar víctimas, y algunos otros donde las malas rachas no benefician a nadie.

Las catástrofes naturales, que podrían ser leídas como una terrible manifestación de la mala suerte (como el reciente corrimiento de tierras en Filipinas), dañan a cientos de miles de personas, muchas de las cuales se encontraban a su alcance sólo por casualidad... Y nadie obtiene ventaja alguna del desastre.

En este y en tantos otros casos la desgracia nos alcanza a todos, incluso a los que aparentemente no estuvimos ni siquiera indirectamente involucrados.

Es absurdo pensar que el que consigue después de mucho esmero pescar una trucha para cocinársela a su familia, deba sentirse mal pensando que le ha quitado la comida a la familia de otro pescador que no podrá pescar ese pez. Sin embargo, miles de leyendas urbanas nos obligan a pensar en la forzosa relación entre el destino de unos y otros...

Cuentan que un reconocido psiquiatra se paseaba en compañía de unos jóvenes médicos por las salas de un hospital psiquiátrico, donde se encontraban ingresados todos aquellos pacientes que tenían en común una enfermiza e irrefrenable tendencia a hacerse daño.

En un momento, al pasar por una sala acolchada, vieron por el visor a un hombre de unos cuarenta años que, enfundado en un chaleco de fuerza, gritaba su deseo de morirse mientras lloraba desconsolado.

El director del hospital se detuvo unos minutos y les explicó que este pobre hombre se había enamorado perdidamente años atrás de una mujer, pero que, al declararle su amor, ella lo rechazó sin piedad, negándole toda posibilidad de revisar su decisión.

—El paciente —concluyó el doctor— nunca pudo tolerar ese rechazo y se volvió loco al instante, terminando en ese estado.

—Qué mala suerte... —dijo uno de los jóvenes, quizás identificándose con su situación—. Encontrar a la mujer soñada y que te rechace...

Los jóvenes, futuros psiquiatras, sintiendo pena por el pobre hombre, siguieron su recorrido.

En la habitación de al lado, también con paredes acolchadas, otro hombre de casi la misma edad arremetía con la cabeza furiosamente contra la pared, como si quisiera abrir un agujero en el muro o en su cráneo.

—¿Y este paciente? —preguntó uno de los visitantes, asombrado por tanta violencia autodestructiva.

—Ah... Éste es un caso muy especial. Este hombre también se enamoró perdidamente... Y de esa misma mujer.

—¿Y...? —preguntaron todos casi a coro.

—Éste es el que tuvo la suerte de que le dijera que sí. Después de tres meses de convivencia lo trajeron aquí, loco de atar...

Capítulo 5

El destino influye en la vida de todos,
pero arrastra a los indolentes.

Séneca

Echando la culpa fuera

En nuestra experiencia de todos los días, tú y yo solemos relacionar la buena o mala suerte con conseguir o no un trabajo fantástico, con salvar un obstáculo, con tener unos hijos maravillosos o con disfrutar de un matrimonio excepcional, aunque los especialistas en salud mental nos obliguen a ser concientes de que, tras esta postura, se esconden pequeñas o grandes intenciones de librarse de cierta cuota de responsabilidad en pasados, presentes o futuros fracasos.

Para poner solamente un ejemplo: supongamos que atribuyes a la suerte el haber aprobado un examen. Esta decisión resta por supuesto algo de mérito a tu logro, pero, en compensación, te concede anticipado el argumento que te excusará si hay un futuro fallo.

Cuando llegue el caso dirás:

—Suspendí. Esta vez tuve muy mala suerte, me tocó el tema que menos me sabía.

Responsabilizando a la mala suerte del resultado y librándote así, un poco, de la parte de culpa que te corresponde por no haber estudiado suficiente.

Pero lo peor del mecanismo quizá no sea esta parte de falta de responsabilidad que nos concede gentilmente la idea de la suerte, sino aquella opacidad del mérito que implica el relato de lo sucedido, despreciando en el ejemplo la relación que debe haber existido entre su dedicación al estudio y el resultado obtenido.

En el siglo VI de nuestra era, Severino Boecio escribe *La consolación de la filosofía*.[6] En ella el autor, desde el destierro, enojado y triste, reprocha a la suerte haberlo abandonado y permitir que «injustamente» él pierda todo el poder, la gloria y la riqueza que alguna vez tuvo.

En el comienzo del libro cuarto la mismísima suerte toma la palabra y le dice:[7]

¿Por qué me culpas, Boecio? ¿Por qué te quejas de mí?
¿Qué es lo que te he hecho? ¿Qué te quité de lo tuyo?
Recuerda que te recibí desnudo...
Y que te amparé con MIS bienes.

[6] Boecio, *La consolación de la filosofía*, Alianza, Madrid, 2005.
[7] Las palabras han sido adaptadas a nuestro lenguaje cotidiano (nota del autor).

Te di todo lo que tienes y te cuidé con amor...
¿No conocías mis costumbres? ¿No leíste mis hazañas?
Eres pues tan sólo un hombre, igual que todos los hombres.
Un avaro, pedigüeño, disconforme y ambicioso.

Gozaste de mis caprichos ufanándote ante todos,
y ahora que he decidido dejar de dártelo tanto
tú te quejas y reclamas en lugar de agradecer
todo el tiempo que fuiste poseedor de lo ajeno.

Aprende, pues, cuesta abajo lo que al subir no sabías.
Que tus honras y riquezas jamás te han pertenecido.
Siempre han sido mis esclavas, yo misma las he traído.
Y por supuesto al marcharme correrán detrás de mí...
y no se quedarán contigo.

El riesgo de esta pauta socialmente generalizada es que puede terminar generando en los más propensos y en los desvalorizados una enfermiza dependencia hacia aquello que llamaremos en este libro «el azar» pero que conocemos familiarmente como «la suerte».

Mi irritante vecino Eulogio

Volviendo al principio de este pequeño paseo teórico, confieso que, en lo personal, me molesta por igual la postura de los que niegan absolutamente la existencia de lo azaroso como la de los que sostienen con la misma vehemencia todo lo contrario.

Pero los que, más que molestarme, me irritan (debería revisar por qué tanto) son los que, como mi vecino, viven sosteniendo con vehemencia que en sus propios logros (y en el fracaso de los demás) la suerte no ha tenido absolutamente nada que ver.

—Todo se ha tratado —me explica Eulogio con gran retórica, hablando de sus logros— de una razonable y lógica relación de complicados fenómenos de causa y efecto.

Lo que no es otra cosa que asegurar, en palabras grandilocuentes, lo que anima su pensamiento a la hora de comprender los resultados: todo lo bueno que le ha sucedido a él y todo lo malo que acontece a los demás son, por igual, demostraciones inapelables de que cada uno cosecha lo que siembra.

Sin embargo (y aquí viene lo más irritante), Eulogio no duda en afirmar que la mala suerte ha sido determinante en los fracasos propios y que la buena fortuna es la excluyente responsable de cada éxito ajeno.

A algunos la razón les sirve más para justificar
su conducta que para dirigirla.
Gustave Le Bon

A la hora de nuestro definitivo despertar no podremos negar que nuestra trayectoria en la vida no depende sólo de nuestra naturaleza, capacidad y talento, sino de su interacción con las circunstancias.

Considero obvio que ciertas oportunidades, en las cuales pesa mucho el azar, permiten o no que nuestra potencialidad se desarrolle adecuadamente. La genialidad o el mayor talento consiste en darse cuenta en el momento de que alguna de esas circunstancias propicias está sucediendo.

Es triste aceptar que somos absolutamente impotentes respecto de nuestro pasado o que nuestro control sobre el futuro es muy limitado, pero sería muchísimo más grave intentar resolver esta frustración mediante el autoengaño.

La suerte en suma

Nuestros logros y nuestros fracasos son siempre el efecto de la interrelación de muchas cosas.

> *Sin la ocasión, el talento y la virtud son inútiles.*
> Nicolás Maquiavelo

Por un lado están los acontecimientos imprevistos o circunstancias (que voy a denominar genéricamente el azar) actuando sobre lo que, por fuerza y lógica, debía pasar (que vulgarmente se conoce como destino).

Por otro lado está nuestra olla de recursos, tanto internos como externos (que de aquí en adelante llamaré la fortuna personal) y que podríamos definir como la totalidad de virtudes, dones y circunstancias que se presentan a nuestra disposición en un momento determinado. Dicho de otra manera, todo lo que hemos conseguido hacer con lo que nos ha tocado.

> *Tener una maravillosa voz, una fuerza física*
> *sobrehumana, o una memoria envidiable tanto como*
> *nacer guapo, inteligente o con habilidad en las manos es*

indudablemente una ventaja; pero debemos darnos cuenta
de que haber «ganado la lotería prenatal de atributos
deseables» no garantiza el final de la historia de nadie.

N. Rescher

Supongamos que, por alguna razón, quisiéramos saber anticipadamente qué probabilidades existen de obtener un buen resultado en una coyuntura determinada. Supongamos también que estuviera en nuestras manos calcular todos, o por lo menos la gran mayoría de los factores que entrarán en juego. Para saber si habrá suerte, deberíamos sumar:

> La totalidad de recursos (externos e internos)
> con los que contamos, que constituyen
> nuestra *Fortuna*.
>
> +
>
> El peso de lo predeterminado, el *Destino*.
>
> +
>
> La necesaria cuota de lo impredecible,
> el *Azar*.

La propuesta de este trabajo es aprender a llamar a todo esto «SUERTE» y no limitar su concepto al del azar.

De esta forma, será más fácil aceptar que aun cuando muy poco esté librado al azar, la suerte siempre interviene, altera y condiciona necesariamente el resultado final de cada presente, entrando en juego en toda situación.

Imaginemos ahora, caprichosamente, que pretendemos más aún. Quisiéramos medir nuestra posibilidad de obtener un logro deseado ante una determinada combinación de Fortuna, Destino y Azar.

Para lograr esa respuesta, a esa serie de cosas que hemos reunido en el concepto de Suerte habrá que sumar además lo adecuado y efectivo (o no) de nuestra acción más comprometida.

Éstas, nuestras acciones, están por definición indisolublemente relacionadas con nuestras decisiones; y por tanto influidas por una instancia que podríamos llamar, quizá, nuestro Talento.

Suerte + Talento = Acción efectiva

Estoy convencido de que nadie tiene el grado de control que le gustaría sobre las cosas que le preocupan, pero también sé que somos partícipes obligados de cada cosa que nos involucra. Todo aquello que nos tiene como protagonistas (esto es, toda nuestra vida) guarda relación con la manera en que nos comportamos y ella está en estrecha relación con la idea que tenemos del mundo y de nosotros mismos.

Para decirlo de la manera en que siempre lo digo:

Una parte de ser adultos se centra en asumir
la responsabilidad de todo lo que hago
y de todo lo que digo, de todo lo que callo
y de todo lo que no hago.

Y esto conlleva reconocer que, por activa o por pasiva...

> Soy, si no el único causante, al menos un
> cómplice necesario de todo lo que me sucede.

Claro que esta responsabilidad que propongo no debe ser leída como la capacidad de producir cada hecho simplemente con el hecho de actuar en consecuencia, porque ese sería el camino hacia la omnipotencia y no hacia la madurez.

Mucho menos estoy sosteniendo que podemos contar con alguna virtud anticipatoria. Todo lo contrario: ser adultos, para mí, implica el reconocimiento de nuestras limitaciones predictivas y, a pesar de ello, negarnos a utilizar ese argumento para explicar nuestros desaciertos. Renunciar a la habitual tendencia de echarle la culpa a las imprevistas circunstancias y pretender justificar así mis equivocaciones, mis negligencias o mis descuidos.

Capítulo 6

Sólo aquellos que nada esperan del azar
son dueños del destino.
Matthew Arnold

El azar,
enemigo del poder

Cada suceso es pues el resultado de una interacción entre lo preconcebido y lo desarrollado, un choque entre lo planificado y el azar.

Esto transforma nuestra natural pretensión de mantener nuestras vidas bajo cierto control en una especie de «misión imposible» (y ni siquiera nos deja por allí a Tom Cruise para ayudarnos).

Parece obvio que lo que hace imposible esta misión es, como ya he dicho, lo impredecible del futuro.

Jay Haley, el maravilloso terapeuta californiano, dice que la palabra «poder», que tantos dolores de cabeza le ha dado a la humanidad y a cada uno de sus miembros, significa básicamente la capacidad de anticiparse a los hechos.

Según Haley, es obvio que tiene poder aquel que consigue imponer su deseo, por autoridad o amenaza, obligando a los demás a hacer lo que se le antoja, pero también el que consigue manipular personas o situaciones para que actúen a favor del fenómeno que desea.

El verdadero poder, explica Haley, no consiste en la fuerza o la habilidad para hacer actuar a otros, sino en la capacidad para anticiparse a los hechos.

Saber, intuir, prever o causar lo que sucederá en el futuro: eso es el poder. Y, para bien o para mal, está en la lista de las cosas más deseadas por hombres y mujeres en el mundo. Poca diferencia parece encontrar el terapeuta en la fascinación que su búsqueda genera muchas veces, sea el ambicionado poder terrenal, económico, espiritual o metafísico.

Quizás esta pequeña digresión explique por qué tanta gente está dispuesta a dejarse engañar, a pagar importantes sumas de dinero y a hacer cosas indecibles bajo la promesa de algunos delincuentes que, enmascarados como videntes, místicos, espiritualistas o magos, le prometen adivinar su futuro.[8]

Parece más que obvio, visto lo visto, que la buena y la mala suerte son las dos caras de la misma moneda (nunca más pertinente la metáfora). Por lo tanto, si alguien pretendiera dejar de estar expuesto al riesgo de que la moneda de la suerte caiga de

---

[8] Durante años, la corona británica ofreció una recompensa de 25.000 libras esterlinas a cualquiera que pudiera demostrar su capacidad de ver el futuro. Cuenta la leyenda que el premio nunca fue ni siquiera solicitado.

la cara que le perjudica, sólo podría conseguirlo de dos maneras: primero, seguramente intentaría controlar el azar (conseguir que la moneda siempre caiga del lado conveniente); y después, cuando inevitablemente confirmara que no es posible modificar voluntariamente el resultado del azar, trataría de neutralizar su influencia (que en el caso del ejemplo equivaldría a deshacerse de la moneda), renunciando por fuerza a la agradable sorpresa de un golpe de buena suerte, pero ganando la certeza de no sufrir el castigo inesperado de la mala fortuna.

Posiblemente este último comentario permita comprender desde un nuevo ángulo la sorprendente noticia que recorrió el mundo hace unos años, cuando una investigación periodística mostró que más de la mitad de los dirigentes de los países más influyentes del mundo tenían entre sus consejeros o asesores un vidente, un astrólogo, un adivino o un tarotista.

Cancelar lo impredecible

Imagina que tropiezas en la playa con la botella donde está encerrado el poderoso genio de los cuentos orientales. Fascinado por sus atractivas ofertas, piensas en liberarlo y ponerlo a tu servicio. Sin embargo, un segundo antes de hacerlo, te das cuenta de que, en libertad, ni tú ni nadie sería capaz de controlar su anárquico poder.

Podríamos, sin demasiado esfuerzo, imaginar la suerte como una especie de poderoso mago impredecible. Como en un cuento de *Las mil y una noches*, cuando reconocemos que no podemos tener al azar a nuestro servicio, fantaseamos con deshacernos de él, con volver a tirar la botella al mar, para conquistar un futuro predecible.

Volvamos al presente.

Una pregunta se nos impone.

¿Sería deseable predecir el futuro?

Éste es, básicamente, el tema del libro de Nicholas Rescher *La suerte: aventuras y desventuras de la vida cotidiana.*[9]

Allí el autor se pregunta con muy buen criterio si la cancelación del azar, de ser posible, sería una alternativa elegible, grata o conveniente.

Y no es para nada una pregunta alocada.

Hasta cierto punto, lo atractivo de la vida se apoya en el desconocimiento o, por lo menos, en la falta de certeza que tenemos acerca del resultado de nuestras acciones. Lo previsible, nos explica Rescher, no puede evitar conectarnos con una de las más odiosas características del ser humano, su tendencia al aburrimiento.

Podemos anticipar sin temor a equivocarnos lo realmente aburrido que sería el fútbol si cada domingo supiéramos de antemano el resultado de todos los encuentros (aunque nuestro equipo ganara cada partido).

Aunque hablemos de nuestras propias catástrofes personales, la pregunta sigue teniendo peso. Conocer lo que sigue, si

---

[9] Editorial Andrés Bello, Barcelona, 1997.

no podemos evitarlo, ¿no anticiparía acaso nuestro dolor, sufrimiento y desesperación?

Es muy famoso el cuento del sirviente que huye de la ciudad, para escapar de la muerte después de cruzarse con ella en el mercado. Al reconocerlo, la muerte piensa: «Qué raro verlo aquí, tengo que ir por él al pueblo vecino esta tarde...».

No quiero parecer necio: es muy probable que fuera fácil resolver algunos problemas si pudiéramos predecir lo que va a suceder, pero está claro que el precio que deberíamos pagar no sería barato. Nuestra vida sería muy poco apasionante y para nada divertida. Nunca más una partida de naipes, nunca más una película de suspense, nunca más la excitante espera de la llamada de quien queremos, nunca más ninguna sorpresa.

En lo personal, no creo que fuera más feliz si esperara una vida futura programada, ni siquiera si yo mismo hubiera podido elegir lo que sigue. Digo más, creo que me agobia sólo escribirlo. Como todos, necesito mi derecho de explorar lo que no conozco, mi posibilidad de arriesgarme a lo que no controlo, mi placer de apostar sin certezas.

Dije al principio de este libro que la razón última de gran parte de las cosas buenas que me han pasado se debe a la suerte. Hoy tú sabes que ésta incluye el azar. ¿Hubiera preferido saber anticipadamente lo que iba a pasar?

Mi respuesta es un rotundo NO.

La diosa Fortuna, una aliada de la equidad

*Todos los actores y actrices famosos se preguntan
en su fuero interno si su éxito se debe a que son
buenos o a que han tenido suerte.*

Katherine Hepburn

En su libro, el mencionado Rescher llama la atención sobre una característica común a la vida de todas las personas consideradas exitosas en lo que hacen: su biografía nunca se presenta como una línea recta y previsible de la nada a la gloria. Siempre aparece en su historia la intervención clara del azar o de algunas circunstancias que los protagonistas califican por lo menos de imprevistas.

Todo empieza, nos cuenta el autor, en un período de indecisión, perdido entre posibilidades inciertas, que nunca lo hubieran conducido a donde hoy está o llegará a estar. Aparece así un hecho fortuito que fija el rumbo en una nueva dirección. Este evento (siempre azaroso e impredecible) establece en la vida de la persona una consecución de sucesos sin retorno. Puede ser un encuentro con alguien, una oportunidad inesperada, un suceso inexplicable y hasta a veces también un accidente casi fatal o una grave enfermedad. Sea como fuere, lo cierto es que impulsa los acontecimientos en un efecto dominó imparable.

Es interesante ver cómo esta idea, la del suceso repentino y afortunado, es absolutamente trasladable a la vida de cualquiera de nosotros y parece imponer cierta posibilidad de democratización en el reparto de las cosas buenas. Al contrariar al destino, a las circunstancias habituales, a la lógica, a los condicionantes y a las limitaciones, la suerte es capaz de crear una situación en la que, de alguna manera, cualquiera puede tener aunque sea una oportunidad.

Ejemplos de que esto podría suceder, y de hecho sucede, son tanto las catástrofes naturales (una inundación, un huracán o un terremoto) que arrasan en minutos con las posesiones de los que más tienen, como el premio gordo de una lotería millonaria que beneficia un hogar de los más humildes.

Tal como anticipa el Antiguo Testamento:

> *La carrera no es siempre para el más rápido ni la batalla siempre para el más fuerte... ya que el momento y la suerte llegan a todos los hombres.*

¿Y entonces qué nos queda?

Me imagino que a estas alturas de nuestro camino coincidirás conmigo, sin enfadarte, en que, a pesar de ciertas injusticias «deplorables» ligadas a caprichosos designios de la suerte (... como aquel contrato que tú te merecías mucho más que el idiota de la competencia que lo consiguió en un injusto golpe de buena suerte...), ciertas «vueltas de la vida», como las llama el tango, son necesarias para que una vida valga la pena ser vivida y es más que injusto enfadarse cuando esas vueltas no conducen a la ruta que más nos conviene.

Todo parece indicar que la única posibilidad de defendernos de las amenazas de la diosa Fortuna queda limitada en el ejemplo de nuestra azarosa moneda a volver a la primera posibilidad, ya no para intentar que caiga siempre del lado que más nos beneficia ni para tratar de impedir que caiga del lado nefasto, sino tan sólo para aumentar la probabilidad de que suceda lo que más deseamos.

Éste es, después de todo, el supuesto poder de los talismanes, de los conjuros, de los hechizos y de las brujerías de otros tiempos. Éste es el objetivo de todas nuestras supersticiones y de muchos de nuestros rituales.

Una historia afortunada

Quiero invitarte a un viaje imaginario en una supuesta historia que te tenga como segundo protagonista y que utilizaremos para poner a punto todo lo que hemos aprendido.

Imagina que estás en Argentina y que un amigo tuyo te pide que le acompañes al casino en la hermosa ciudad de Mar del Plata. Él te dice que tiene el presentimiento de que esa noche ganará una buena suma jugando a la ruleta. Tú, que no crees en esas cosas, le dices que es ridículo hacer ese viaje para ir a jugar al casino apenas unas pocas bolas; pero él insiste y te convence.

Cuatro horas después de salir de Buenos Aires, giráis en una rotonda y tu amigo, que va conduciendo, enfila hacia el famoso casino. Estaciona y ambos entráis en el edificio.

—¿No vamos a tomar un café antes? —preguntas tú.

—No hay tiempo —dice él, mientras compra unas fichas.

En la primera mesa de ruleta que encontráis, tu amigo pregunta a una pelirroja de vestido ajustado:

—¿Qué número ha salido? —como si ese dato significara algo...

—El 20 central —le contesta la mujer, casi sin mirarlo, sin dejar dudas de que ella no había apostado ni una sola ficha a ese número.

—Mi número de la suerte —dice tu amigo. Y acto seguido pone todas las fichas que tiene entre las manos alrededor del número 20 central.

Después del consabido «no va más», el crupier canta... «Negro el 20».

Tu amigo grita y te abraza, mientras la banca pone un montón de fichas sobre la mesa.

Tu amigo las empieza a jugar a toda velocidad. Tú intentas decirle que juegue con más calma, pero él termina de poner todas sus fichas sobre el tapete alrededor del mismo número 20 central un segundo antes de que el jefe de mesa diga otra vez «no va más».

La bola gira... Se detiene... Y el tirador canta: «Negro el 20».

La gente de la mesa, que ni siquiera os conoce, grita un largo «ohh» de sorpresa y comienza a aplaudir, mientras el hombre de negro pone unas cuantas placas y muchísimas fichas junto a tu amigo.

Tú intentas convencerlo de que no juegue más, pero tu amigo insiste en que es su noche de suerte y apuesta todo lo que ha ganado al número 20 central.

Se produce un tenso silencio sólo interrumpido por los cuchicheos de los presentes, que ponen en susurradas palabras lo mismo que tú estás pensando y algunas cosas que tú ni te atreverías a pensar.

«¡No va másssssss!», se prolonga esta vez la sentencia.

La bola entra en uno de esos interminables giros que parecen inacabables, no aptos para cardíacos y, finalmente, después de algunos rebotes y saltos, cae en su casillero definitivo.

«¡Negro el 20!», grita el empleado del casino.

Se produce un griterío y todos en el edificio se acercan a ver qué ha pasado.

Los que están más cerca saltan y bailan a vuestro alrededor, besándoos y aplaudiendo como si fueran todos socios de las ganancias.

El casino cierra, y mientras tu amigo espera en la fila de los que cambiarán sus fichas por dinero, tú no tienes más comentarios que hacer que referirte a la suerte que ha tenido tu compañero:

—Cuatro veces seguidas el 20. ¡Qué fantástico!

—Sí —dice tu amigo—. Yo sabía que iba a tener suerte, pero nunca soñé que sería así...

—Pero arriesgaste demasiado jugando siempre al mismo número. ¿No te parece? —dices tú en un comentario que, a la luz de lo sucedido, parece más que estúpido.

—Yo siempre juego al 20. ¿No te dije que es mi número de la suerte? Es el único número que juego —termina de decirte tu amigo mientras le acercan una bolsa para guardar el dinero que está cobrando.

—¿Y por qué el 20? —te atreves finalmente a preguntar.

—Porque el 20 es la fecha en la que murió mi tío Eulalio.

—No entiendo... ¿No me has dicho que es tu número de la suerte? ¿Qué tiene que ver la suerte con el fallecimiento de tu tío? —preguntas tú.

—Es que yo *odiaba* a mi tío Eulalio.

Hasta aquí la historia.

Un episodio, sin lugar a dudas, afortunado.

Pero imagina ahora que nos enteramos de que esa ruleta había sido «arreglada» y que el 20 estaba predestinado a salir tantas veces como se tirara la bola. ¿Deberíamos dejar de hablar de la suerte de tu amigo?

Es cierto que no existía ningún componente azaroso en el número que sería cantado en la mesa... Pero dado que tu amigo jugador no conocía esa situación, sigue siendo cierto que ha tenido mucha suerte.

De hecho, si lo pensamos juntos, aparecen ejemplificadas en la historia todas las instancias que componen lo que vulgarmente llamamos buena y mala suerte: la conjunción de lo predestinado (que en el relato está simbolizado por la ruleta misteriosamente trucada) con lo afortunado (en este caso, que el protagonista sea jugador de ruleta, que tuviera un presentimiento y que tú aceptaras acompañarlo), y la suma de un hecho azaroso que no está representado por la ruleta, que siempre arroja el mismo número, sino por el buen gusto del odiado tío Eulalio de morirse justamente un día 20.

Todo en coincidencia con algo fundamental para el desenlace de la historia: la acción concreta del apostador.

Capítulo 7

Amo a los que sueñan con imposibles.
Johann Von Goethe

Talismanes y amuletos

Como venimos diciendo, parece más que probable que, para lograr algunos posibles y para acercarnos a realizar todos los imposibles, vamos a necesitar tener a nuestro lado a la diosa Fortuna. ¿Existirán los amuletos infalibles que consigan garantizarnos la complicidad de la suerte?

Te contesto ya mismo que creo que no. Lamentablemente, no.

Aunque milito en el club de los que están convencidos de que el factor suerte existe y es determinante en muchas ocasiones, no creo que su presencia tenga absolutamente nada que ver con un don innato, un gen o un ángel que algunos tienen y otros no.

Mucho menos, muchísimo menos, la veo como una consecuencia predecible de haber encontrado un amuleto poderoso e infalible.

Pero no desesperes. Quizá te pueda ofrecer algunas pautas de acceso a otro tipo de talismanes y conjuros. Actitudes y maneras de actuar en el mundo que puedan cambiar la conducta equivocada y negativa de aquellos que se sienten predestinados al fracaso y declaman su mala suerte. Herramientas, acciones y pensamientos que sean capaces de concedernos una cuota adicional de buena suerte.

Me propongo compartir contigo un listado mínimo de estos nuevos amuletos y talismanes, probados y comprobados como efectivos.

Pero para comprender cómo utilizarlos y de qué manera actúan, necesito contarte antes algunos secretos de la historia de esta compañera obligada, la deidad de la suerte, la diosa Fortuna.

Quizás un nuevo mito termine de confirmar lo que aseguran casi todos los estudiosos del tema:

La «buena suerte» no es una cuestión de suerte.

¿Qué es un mito?

Para los hombres y mujeres de la Grecia antigua, todo lo que sucedía y todo lo que no sucedía era responsabilidad, designio o capricho de los dioses. Se tratara de prósperas cosechas o de terribles sequías, fueran grandes triunfos o aplastantes derrotas en las batallas contra los bárbaros, nacieran cinco borregos de la vaca o la familia se mantuviera sin descendencia, eran siempre los dioses los que decidían lo que ocurriría en el mundo.

Según los griegos, los dioses mitológicos convivían en el monte Olimpo, lejos de la mirada y las molestas peticiones de los hombres, que sólo habían conseguido sobrevivir porque eran la creación favorita del más grande y poderoso de todos los dioses: Zeus.

Si bien cada una de las deidades era inmortal y tenía su lista de poderes mágicos, eran muchas veces sus pasiones y debilidades, sus caprichos, amores y enfrentamientos lo que determinaba las buenas y malas cosas que los dioses repartían entre los humanos.

La mitología griega es la supuesta narración de estos hechos, de las peleas de los dioses entre sí, de sus batallas con los monstruos que habitaban originalmente la Tierra y de las hazañas que los héroes llevaban a cabo obedeciendo o desafiando lo ordenado por las deidades.

Poetas de los que todos hemos oído hablar aunque a veces no los hayamos leído, como Homero o Sófocles, filósofos menos conocidos como Hesíodo, Esquilo o Eurípides, y narradores o juglares cuyos nombres nunca conoceremos, han hecho llegar hasta nosotros las historias y los personajes de aquel mundo mágico. Una mitología que, con la ayuda posterior de los romanos Ovidio, Virgilio y Horacio, explicara el mundo y los valores según el punto de vista de entonces.

Los mitos existen y permanecen por la misma razón por la que fueron creados, porque ofrecen una explicación, porque establecen normas, porque ayudan a comprender un fenómeno cotidiano o uno considerado sobrenatural.

Dramático o trágico, moralista o espiritual, mágico u obvio, el mundo mítico está siempre íntimamente ligado al mundo real. Concreta, simbólica o figurativamente, los mitos integran la religión y la simbología para conseguir que las verdades incuestionables de una cultura, de un pueblo o de un tiempo puedan ser aceptados depositando todo planteamiento de verosimilitud en lo metafórico del relato, quizá para despejar las dudas de los escépticos, alejándolas de lo conceptual.

Todos estos relatos aparecen como sucedidos en épocas pasadas aunque, desde lo esencial, los seres míticos continúan «actuando» a lo largo de toda la historia de la humanidad. Permiten, pues, a todos los miembros de una cultura determinada situarse en su tiempo, pero también sentirse unidos al pasado y al futuro.

Así, los mitos reafirman al hombre su pertenencia a una sociedad ofreciendo una explicación coherente (aunque mágica) de la realidad y una moral que, a su vez, legitiman.

Cada sociedad transmite y sostiene los mitos gracias a tres herramientas:

· La transmisión oral y escrita de sus relatos.
· La actualización y adaptación de la historia que cuentan.

· Y los ritos, que por la repetición de la acción que les es propia fortalecen la idea de la inevitabilidad de lo que quieren enseñar.

Los mitos, las leyendas y algunas supersticiones se transmiten de padres a hijos sin necesidad de explicación ni de razonamiento. Se graban en nuestra conciencia como verdades axiomáticas, ya probadas, indiscutibles, cuya confirmación jamás puede ser plenamente experimentada o comprendida.

A través de cada mito ancestral, reciente o contemporáneo, el colectivo social intenta tomar conciencia de su continuidad y de la estabilidad de sus valores fundamentales. Aunque en la práctica los mitos dan lugar también a que los humanos se «comuniquen» con lo sobrenatural y se «aseguren» la benevolencia de los dioses o la garantía de que no se enfaden.

Hay muchas clases de mitos: la teogonía, que relata el origen y la historia de los dioses; la cosmogonía, que intenta explicar la creación del mundo y todo lo que contiene, incluido el ser humano; los mitos tanáticos, que intentan explicar el futuro último, el fin del mundo, de la humanidad o de cada uno; y los mitos morales, que aparecen en todas las sociedades y representan básicamente una declaración de principios, pero también, entre otras muchas cosas, una reiterativa descripción de la infinita lucha entre el bien y el mal.

La suerte está presente en los dichos, las imágenes y los relatos de la gente desde siempre. Con diferentes orientaciones, y a la sombra de distintas ideologías y posturas, muchas manifestaciones culturales orales, plásticas y escritas atestiguan la presencia de la suerte en el escenario interno y grupal del análisis de cada comportamiento humano.

La diosa Fortuna en la mitología

Haciendo un análisis demasiado resumido, podríamos decir que para los griegos todo empezó en el Caos.

Caos engendró por sí mismo a Érebo (las tinieblas y, por ende, el origen de la luminosidad) y a Nicte (la noche). Estos hermanos, Érebo y Nicte, se unieron para crear a Hemera (el día), Éter (el aire), Hipnos (el sueño), Tánato (la muerte) y las Moiras, a las que desde el mismo significado de su nombre (dar a cada uno lo que le corresponde) se las identifica como hacedoras del destino y, de alguna manera, el primer antecedente de la influencia de lo impredecible.

Para Hesíodo, las tres Moiras (cuyo nombre latinizado por los romanos las transformó en Parcas) eran Clotho, Láchesis y Átropos. Supuestamente eran hijas de Zeus y Themis, la diosa de lo regulado, lo que debe ser, la necesidad.

Durante siglos se las representaba sentadas hilando, cada una de ellas con una responsabilidad específica: Clotho elegía el tipo de vellones con los que se hilaría la trama de la vida de las personas que Láchesis tejería con ese hilo (más triste, más próspera, más fácil, más trágica). Átropos, tijeras en mano, decidía cuándo cortar el hilo de nuestra vida...

Entre ellas se tejía entonces nuestro destino, el principio y el final de cada uno, de la humanidad y del universo.

Recordemos que para los griegos y romanos el poder de las Moiras era supremo. Tanto es así que no sólo los hombres están sometidos a ellas, sino que también los dioses dependen de las decisiones de las tres. La única diferencia entre unos y otros es que, mientras los dioses son inmortales y conocen lo que traman las tres mujeres (aunque no puedan cambiarlo), los hombres, mortales e ignorantes, ignoran sus designios y están, por lo tanto, totalmente a merced de lo imprevisible de su urdimbre.

Horacio, en sus *Odas*, nos presenta a la diosa griega Ananke (o Necessitas) como antecesora y compañera de Fortuna. Muchas veces aparecían sosteniendo entre ambas una decena de grandes clavos de bronce, un par de ganchos, un recipiente con plomo fundido y una rueca de hilar (quizás en honor a las Moiras), en torno a la cual giraba el mundo.

Sin embargo, por aquellos tiempos, se suponía que Fortuna tenía otra amiga muy cercana en el Olimpo. Se la asociaba con la diosa griega Tykhé, a la que se relacionaba más con el azar y menos con el destino. Como veremos, al principio los romanos pensaban en la suerte en términos de destino y fortuna personal, pero con el tiempo la fueron acercando más y más al azar, a la casualidad, al accidente y a lo imprevisto (vinculándola por ende a Tykhé).

Fue así aumentando el poder y la influencia que se le atribuía sobre la vida de los hombres. Tanto que, en su versión romana, Fortuna (junto a Tykhé) llegó a ser adorada en todo el imperio y a aparecer como imagen de culto en las monedas y los escudos.

Alrededor del 200 a. de C., en las afueras de Roma, se erigió una colosal estatua de bronce de la diosa Fortuna-Tykhé, para ese entonces unificadas por el pueblo en una sola deidad.

Era una representación de la imagen que la gente prefería tener de ella, llena de símbolos populares y comprensibles para todos. Se la veía insinuante, sonriente y seductora, portando un gran cuerno de carnero (la cornucopia) del cual, supuestamente, salían generosamente todos los bienes. Colgando del brazo llevaba un timón con el que podía conducir los destinos de todos, aunque estaba de pie sobre una esfera, como para indicar cierta imprevisibilidad o inconstancia a la hora de elegir su rumbo y, como lógica consecuencia, el nuestro.

Las religiones primitivas, muy vinculadas a la superstición, hicieron práctica común el adorar a la diosa y entregarle ofrendas para conquistar sus favores, evitando de este modo algunos males y torcer la dirección de la cornucopia en nuestra dirección para obtener los bienes que de allí manaran.

Era costumbre que en cada casa romana hubiera por lo menos una estatua doméstica de Fortuna. De hecho, era la diosa elegida por las mujeres solteras, las que esperaban con ansiedad un embarazo que tardaba en llegar o las que dudaban de su fertilidad.

Tanto el destino inexorable como el mero azar siempre han sido invocados como aliados o como enemigos desde que el hombre cuenta y explica (o más bien intenta explicar) los hechos que no llega a comprender. Los griegos decían que había una íntima relación entre el Azar (Tykhé) y el Destino (Dykhé), aunque la cultura romana cortó con esa asociación porque representa fuerzas que, a simple vista, parecen ser opuestas.

Yo intento mostrar que esta incompatibilidad entre el azar ciego e imprevisible y la influencia irreversible de lo que está predeterminado y no puede cambiarse, quizá no es tal.

Intento concluir que todo lo que solemos llamar «suerte» es más bien el resultado de una interacción entre el azar y el destino, sumados, como veremos, a algunas otras cosas. Y esto funciona en los hechos de esa manera, aunque para explicarlo debamos crear un nuevo mito.

Inventando un mito

Jung decía que cada cuento, cada leyenda y cada historia transmitida oralmente, por fantástica que parezca, es siempre la expresión de un misterio humano que intenta comunicarse o explicarse lo mejor que puede.

Cualquiera que haya trabajado la tierra para hacerla producir, sabe que el tipo de siembra y la calidad de los frutos que se cosechen no dependen solamente de la decisión y el deseo del agricultor, sino también, y sobre todo, del clima y de la tierra en la que se siembra.

Del mismo modo, en los mitos, la historia, las circunstancias y el mensaje que se intenta transmitir depende en gran medida del pueblo y de los hombres entre los que ha nacido. Son evidentes las referencias que hace la historia de Gilgamesh respecto al pueblo sumerio o las características que el pueblo griego valoraba en sus guerreros si las deducimos a partir de su héroe arquetípico: Ulises.

Todo indica que el mecanismo por el cual nace un mito es siempre el mismo.

Una persona o un grupo pasan por una experiencia que los conmociona. Individual o grupal, onírica, real o fantaseada, el episodio es vivenciado como significativo y genera la necesidad de ser transmitido o divulgado.

En un segundo momento, los que saben o vivieron lo que pasó empiezan a comentar el suceso ampliándolo y adornándolo, quizá para garantizar el interés de los interlocutores. Con los añadidos que el boca a boca suma tradicionalmente a los rumores, muchos repiten el episodio y modifican necesariamente los hechos con sus interpretaciones mágicas o delirantes, que transforman el episodio en una leyenda.

Tarde o temprano, lo que queda de aquel suceso original, después de viajar en el tiempo y en el espacio, encuentra algún narrador, cuentista o poeta que escucha el relato y, agregándole elementos del folklore y de las costumbres del lugar, le da forma literaria.

Los mitos son, pues, creaciones más o menos poéticas de uno o muchos narradores que extraen su inspiración de los relatos populares, de las leyendas urbanas, de los sueños de otros o de las experiencias propias; y rescriben la historia que les llega en sintonía con los arquetipos populares, aquellos con los que todos nos podemos identificar sin esfuerzo.

En estos relatos un solo ser o una sola cosa puede revestir múltiples formas; y también una sola idea puede encarnarse en más de una situación o personaje. Eso deja, para bien o para mal, toda la responsabilidad de la comprensión y de la utilización de los mitos en manos del que escucha, en manos del lector.

Capítulo 8

El mito de la diosa Fortuna

Hubo una época en que los destinos de la humanidad dependían de los caprichos de los dioses.

ZΣUS HΣRA

El Olimpo era el templo donde se cocinaban los más bellos y los más horrendos sucesos del mundo terrenal. Terremotos, guerras, amores trágicos y monstruos invencibles eran creados, enviados y decididos por la comunidad mitológica.

Entre todos, Zeus era el más imponente. Jefe y padre de todos los demás, gobernaba con mano dura y hacía valer su voluntad y capricho sobre cada suceso, cada hecho, cada instante.

Como todos los dioses
griegos, Zeus distaba mucho
de ser moralmente correcto,
éticamente respetable o
políticamente justo. Más bien
se le describe como irascible,
caprichoso y autoritario.

Pero además, Zeus era famoso por su insaciable apetito sexual. Siempre estaba enamorándose, conquistando o llevando a la cama a alguna hembra, algún jovencito y algún que otro animalejo simpático y seductor.

De sus aventuras sexuales
(no eran épocas de
preservativos ni de cálculos
controladores de la natalidad)
nacieron algunos dioses,
varios semidioses y unas
cuantas extrañas criaturas.

Una noche, borracho de vino
y de pasión, Zeus se acostó
con la hermosa Thetis, diosa
de lo legal y lo justo, a la que
hacía tiempo que le había
echado el ojo.

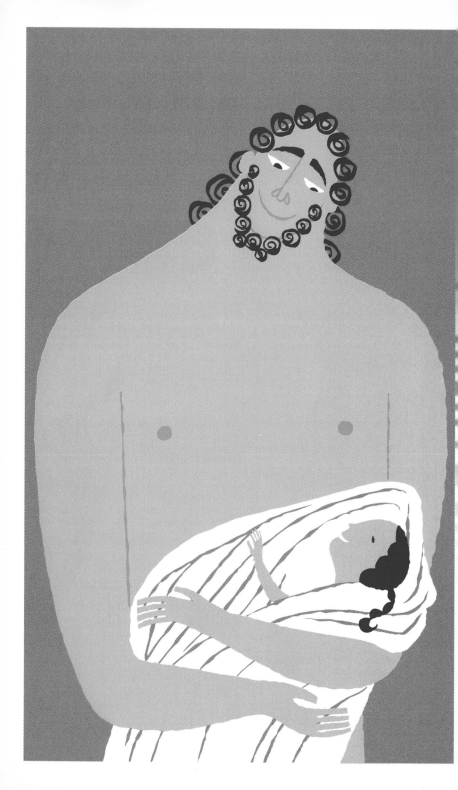

De esa unión entre lo anárquico y lo que debe de ser, nació Tykhé (para los romanos Fortuna), hermosa muchacha que gozaba de los favores de su padre (cosa bastante poco frecuente en la vida de Zeus).

Cuenta la leyenda que, ya desde pequeñita, Zeus la mandaba a buscar y la hacía conducir a su presencia para que permaneciera cerca de él. Para intentar entretenerla, el dios supremo pidió a cada uno de los habitantes del Olimpo que enseñara algo a su hija preferida.

A Mercurio, específicamente le encomendó que la entrenara para correr más rápido que nadie. Ya a los ocho años, Fortuna movía sus pies más rápido que los alados tobillos de Mercurio y era capaz de ganarle una carrera a cualquiera: dios, humano o bestia.

A Deméter le pidió que le enseñara todo sobre la cosecha y los árboles frutales. Fortuna sabía diferenciar, con velocidad y precisión, cada una de las especies vegetales de Grecia. Sabía dónde crecía cada arbusto, cuándo florecía cada plantita y cómo cosechar cada siembra.

A Hera, su legítima esposa,
Zeus no le pidió nada. Quizá
por celos, la diosa de la
estabilidad y la familia no
quería ni ver a Fortuna.

De hecho, cuando Tykhé cumplió los quince años, Hera impuso en el Olimpo una regla de moralidad: nada de hijos bastardos entre los dioses. Aquellos que no fueran hijos de una unión pura, debían morar entre los humanos...

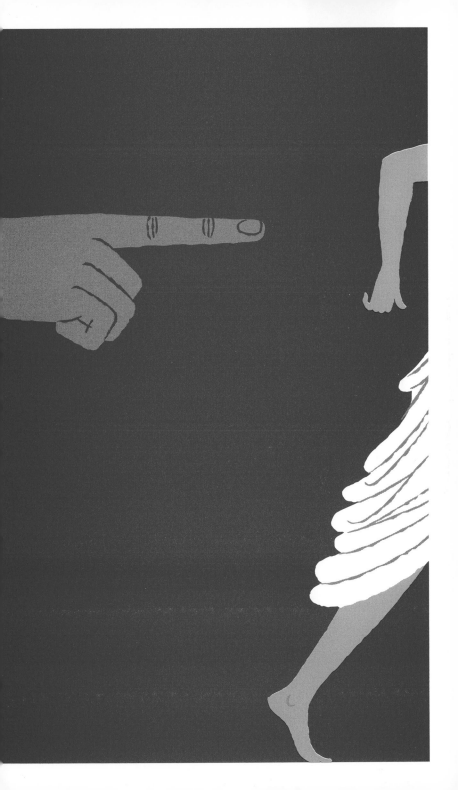

Sin embargo, ya era tarde para contrariar a Zeus. El astuto jefe había urdido un plan para que Fortuna, por fuerza, debiera quedarse entre los dioses, y no solamente no fuera rechazada, sino todavía más cuidada y mimada por todos.

Para ser un dios, como se sabe, hay que ser inmortal, sano, joven y bello de forma permanente. Esto se conseguía bebiendo cada mañana la cantidad necesaria de néctar y comiendo la dosis imprescindible de ambrosía, los alimentos sagrados que otorgaban esos dones.

Cuando el entrenamiento de Mercurio y Deméter hubo terminado, Zeus anunció cambios en el Olimpo. A partir de aquel día, el néctar y la ambrosía no aparecerían mágicamente en una botella en la cesta de sus desayunos, sino que se encontrarían en los primeros frutos de cada mañana de los árboles de la Tierra. Las primeras manzanas, los primeros melocotones, las primeras fresas de cada día llevarían en su pulpa los nutrientes mágicos para mantener a los habitantes del Olimpo jóvenes y saludables, y, por lo tanto, inmortales, y, por lo tanto, dioses.

Para evitar que los humanos comieran de esos poderosos elixires, Zeus dictaminó que el más pequeño rayo de sol que bañara los frutos recién nacidos inactivara los líquidos tan preciados.

El plan estaba completo.
Pero ¿quién podría reconocer
y recolectar los primeros
frutos del día, tan hábil y
velozmente como para que las
primeras luces del sol no los
alcanzaran?
Únicamente Fortuna.

Y así fue.

Todas las madrugadas, Fortuna salía presurosa a recorrer toda la Tierra para recoger los primeros frutos de cada árbol antes de que el sol dañara su maravilloso contenido.

Los reunía en un cesto y velozmente los subía al Olimpo para el desayuno de los dioses, que aplaudían y festejaban su eficiencia.

Una mañana, Fortuna no llegó a tiempo. Los dioses empezaron a desesperarse. No pasaba nada si un día no se alimentaban del néctar, pero si la ausencia se prolongaba morirían, enfermarían o, peor aún, envejecerían.

Una comisión de dioses fue a
buscar a Fortuna por las
calles de Grecia. Allí se
enteraron de que un pescador
la había atrapado
accidentalmente mientras
lanzaba la red al Egeo.
Fascinado por su belleza y
sorprendido por el destino
final de su carga, no quiso
dejarla partir.

Los dioses se aparecieron
ante el pescador y le
preguntaron qué quería a
cambio de dejarla ir.

El hombre, temblando,
preguntó:

—¿Puedo pedir lo que quiera?

—Lo que quieras —dijeron
los dioses—, se te concederá
y la dejarás en libertad.

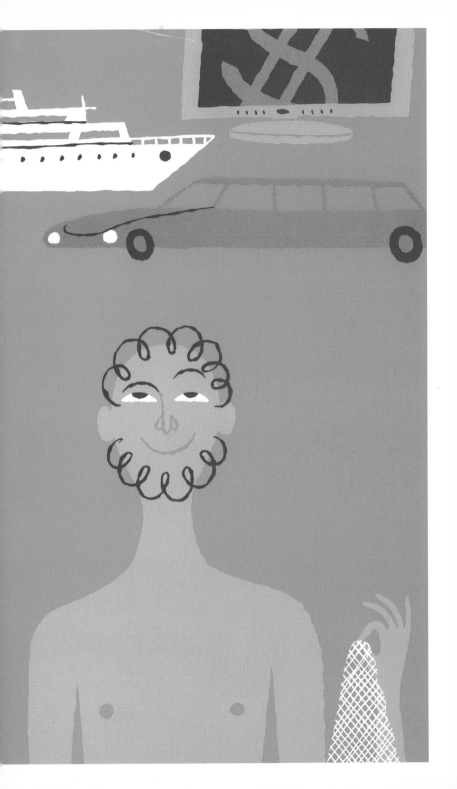

El pescador pidió, y todo lo
solicitado le fue concedido,
después de lo cual Fortuna
estuvo libre otra vez.

Los dioses volvieron al
Olimpo. Su provisión de
alimentos estaba otra vez a
salvo y en buenas manos.

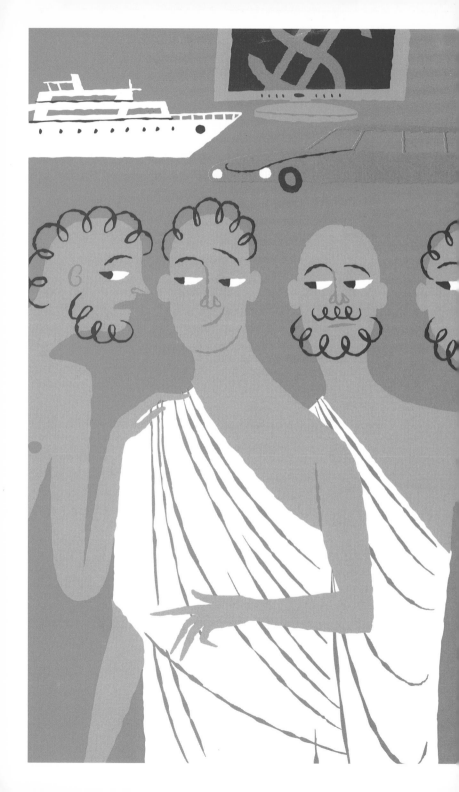

Entre los humanos empezó a correr la voz. El que atrapara a Fortuna podría pedir a los dioses lo que quisiera, porque ellos se lo concederían a cambio de su libertad.

Enterada del peligro,
Fortuna tomó más y más
precauciones y pidió al resto
de los dioses que le
enseñaran algunas cosas
más, en beneficio mutuo.
De Diana aprendió a
escabullirse para que nadie la
viera.
Empezó a viajar con mucho
sigilo, sin dejar que se notara
su presencia.

De Afrodita, a peinar su hermoso y largo cabello bien estirado y rematado en una maravillosa trenza, que, en lugar de peinar hacia la espalda como había hecho hasta entonces, empezó a dejar caer hacia adelante, saliendo de su frente y descendiendo hasta el pecho.

De Urano aprendió a no dejarse atrapar por nadie, y de Ares la estrategia de la guerra.

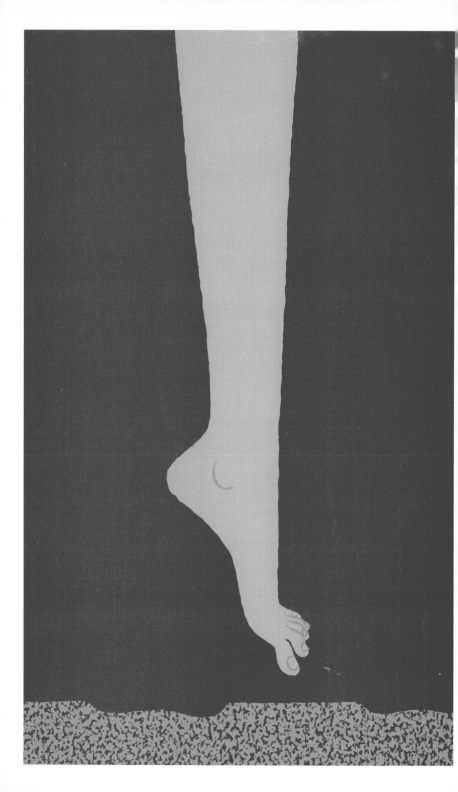

Posiblemente, como producto de todo este aprendizaje, y por temor a que le tendieran una emboscada al hacer su camino habitual, Fortuna decidió que su andar no debía ser previsible. Para evitarlo, tomó una caprichosa decisión: su pie jamás debería pisar su propia huella.

Un poco por hábito y mucho
seguramente por sus
excentricidades, esta decisión
se volvió obsesión, y la diosa
Fortuna se cuidaba muy bien
de no volver a pasar dos
veces por el mismo lugar.

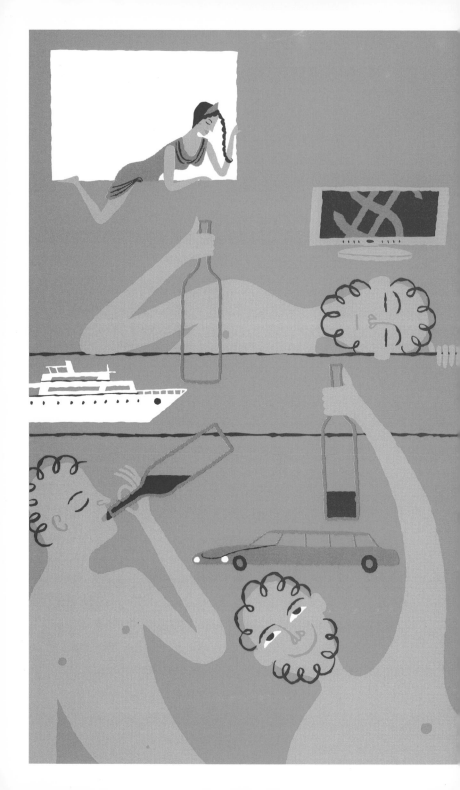

De Baco aprendió las virtudes del vino para así emborrachar a los que consiguieran atraparla para escaparse, dejándolos sin nada.

Cuenta la leyenda que sigue
siendo cierto que, si en tu
camino atrapas alguna vez a
la diosa Fortuna, los dioses te
concederán lo que desees
para que la dejes libre.

La suerte consiste básicamente
en sentirse afortunado.
Tennessee Willams

Éste es, finalmente, mi pequeño intento de compatibilizar las tres posturas de las que hablaba en el segundo capítulo. Te propongo aceptar que la suerte influye en nuestras vidas pero no alcanza a determinarla, aceptar la responsabilidad que nos toca en cada uno de nuestros fracasos y que nuestra acción es imprescindible para cualquier logro, aunque muchas veces pueda no ser suficiente. Te propongo que aceptemos que, afortunadamente, no somos omnipotentes, y por eso podemos hacer muchas cosas para cambiar nuestras vidas. Pero dadas nuestras limitaciones y la imprevisibilidad de algunos hechos, nunca podremos garantizar los resultados.

El mito de la diosa Fortuna nos plantea algunos desafíos que, de todas maneras, pueden servir de ayuda a la hora de encontrar una conducta más efectiva y una actitud de vida más saludable.

Si listáramos estas conductas y actitudes según el desarrollo del mito, podríamos decir que nuestro desafío, respecto al hecho de optimizar nuestras oportunidades contando con la ayuda de la suerte, consiste en conseguir lo siguiente:

· Favorecer el encuentro con la diosa Fortuna.
· Cuidarse de reconocerla cuando se acerque.
· Saber qué hacer después de atraparla.

Si llamáramos, metafórica y caprichosamente, amuletos y talismanes a las acciones que necesitamos tener en cuenta para cada uno de nuestros desafíos, yo podría decir:

· Para favorecer el encuentro, te aconsejo los siguientes talismanes:

> Aférrate a tus sueños.
> No permitas que te abandone el buen humor.
> No te olvides de ser agradecido.

Porque la suerte rara vez se acerca a los que abandonan sus sueños...
O a los amargados...
O a los desagradecidos...

Y ten presente también, si quieres encontrarla, que Fortuna suele apartarse de los ansiosos, de los violentos, de los pesimistas, de los aburridos, de los envidiosos, de los exigentes, de los controladores y de los que nunca se equivocan.

Hace algunos años, H.L. Wayland declaró en una conferencia: «La semana pasada estuve con un hombre que no había cometido un solo error en los últimos 4000 años. Es la momia del departamento Egipcio del Museo Británico». Y añadió: «Si no te equivocas de vez en cuando, quiere decir que no estás aprovechando todas tus oportunidades».

Y agrego yo: «Si no te equivocas más, quizá no estés haciendo todo lo que puedes para convertir tus sueños en realidad».

· Para reconocerla cuando la tengas cerca y no dejarla pasar, deberás estar atento y listo para atraparla... Te sugiero:

> Que uses toda tu creatividad.
> Que aproveches tu intuición.
> Que confíes en ti.

Porque ninguna decisión es menos afortunada que la de esperar un resultado diferente haciendo lo mismo de siempre. Para encontrar la mejor respuesta en cada momento, muchas veces es necesario abandonar lo conocido y escuchar confiadamente la intuitiva voz interior, el conocimiento que nos permite aprovechar todo lo que sabemos sin ser conscientes de que lo tenemos en nuestra memoria, la percepción de los hechos de nuestro alrededor que somos capaces de utilizar sin darnos cuenta de lo que significa, la confianza en uno mismo que aporta la exploración de una nueva dificultad y que, a su vez, nos ayudará a enfrentar sin temores las dificultades que siguen.

En un viejo reloj solar que una paciente me trajo desde Perú aparecía una frase que resumía todo lo dicho: «El águila vigila el valle posada serenamente en la endeble rama porque conoce la fuerza de sus alas».

· Finalmente, no olvides estos últimos «conjuros mágicos» para poder aprovecharte de tu buena suerte:

> Relaciónate con la posibilidad de cambio.
> Desarrolla un buen caudal de autoestima.
> Nunca desprecies los pequeños logros.

Todos padecemos un poco de esa horrible adicción a que «las cosas queden tal como están». Sabemos, entendemos y repetimos que queremos cambiar. A veces berreamos, gritamos y reclamamos (quién sabe a quién) un cambio total, pero a la hora de producir ese deseado cambio retrocedemos con temor o lo postergamos infinitamente.

Decía mi abuelo que la única persona a la cual no le molesta el cambio es a un bebé de meses con los pañales mojados... (Estudiando pediatría descubrí que ni siquiera eso es siempre cierto.)

Nos asustamos cuando «el golpe de suerte nos alcanza», pensando en los riesgos que el cambio implica; nos boicoteamos argumentando que no lo merecemos; lo despreciamos porque no responde totalmente a nuestras mayores expectativas, o lloramos porque el cambio deseado no llegó cuando lo esperábamos. Y lo que logramos así es que, después de tanto camino recorrido, no podamos aprovechar la presencia de nuestra nueva compañera... la diosa Fortuna.

Sue P. Thoele nos aconseja visualizar nuestra vida como un inmenso tapiz. Si mantenemos la nariz contra la sección «ahora» del dibujo no podemos ver el conjunto. Deberíamos aprender, siguiendo su idea, a confiar en que, cuando nos alejemos un poco, esta situación, la perspectiva, hará que incluso este momento tan distante del que tanto deseábamos realce la belleza de la obra de arte que es nuestra vida.

Hace muchos años, en mi libro *El camino de las lágrimas* aparecía mi versión de un viejo cuento inspirador que llegó a mis oídos de muchas bocas y en muy diversas situaciones. Hoy quiero usarlo una vez más, aquí y ahora, para ejemplificar la importancia de esta última herramienta para ser afortunado: valorar los pequeños logros. No desprecies tus pequeños pasos ni sobrevalores vanidosamente la importancia de llegar a la meta.

El cuento relata la historia de un pescador que cada noche bajaba hasta la playa para tirar sus redes y recoger con ellas los peces que usaba para su alimentación y la de su familia, así como para cambiarlos en el mercado por las cosas que necesitaba.

Él había aprendido que, al salir el sol, los peces dejan de buscar sus almejas en la costa y tratan de regresar mar adentro, y por eso siempre colocaba sus redes antes de que los primeros rayos del astro rey alumbraran la playa en la que pescaba, «su» playa, como él la llamaba, la que se extendía ante la pequeña casita en la que vivía con su esposa y sus cinco hijos.

También esa madrugada, como todas, el pescador bajó muy de noche cargando las pesadas redes al hombro.

Apenas había conseguido extender por completo la primera red cuando el hombre se descalzó y entró en el agua para tenerlo todo listo antes del amanecer...

No había terminado de adentrarse lo suficiente como para soltar las boyas cuando su pie golpeó contra algo muy duro en el fondo. Algo que, como después supo, lo lastimó hasta hacerlo sangrar.

El pescador tanteó primero con la planta de sus pies y luego con una de sus manos lo que se había llevado por delante. No podía estar seguro, pero al tacto parecían ser piedras envueltas en una bolsa de tela rústica.

El dolorido protagonista pensó:

—¿Quién habrá sido el idiota que tira estas cosas en la playa? —y se corrigió de inmediato en voz alta—: En MI playa.

Pensando que él era muy metódico, algo rutinario y bastante distraído, se dio cuenta de que, si no hacía algo, cada vez que entrara al mar se las llevaría por delante...

Así que dejó de tender su red, se agachó, agarró la bolsa con su pesado contenido y la sacó del agua, dejándola en la orilla.

Era una noche muy oscura, y quizá por eso, cuando volvió, tropezó otra vez con las piedras, ahora en la playa.

—El idiota soy yo —pensó—. Si no me deshago ahora mismo de esta basura voy a terminar con los pies hechos una ruina...

Fiel a su decisión, sacó su cuchillo y rasgó la bolsa, dejando salir unas cuantas piedras negruzcas, del tamaño de pequeñas naranjas, pesadas y redondeadas.

Actuando instintivamente pero sin dejar de pensar «en el idiota que embolsa piedras para tirarlas al agua», tomó una, la sopesó en sus manos y la arrojó al mar.

Unos segundos después sintió el sordo ruido de la piedra que se hundía a lo lejos.

¡Plup!

Entonces metió la mano otra vez y tiró otra piedra.

¡Plup!

Y después de ésta otra más... Y luego dos a la vez.

¡Plup-plup!

Una a una, fue tirando todas las piedras tratando de mandarlas cada vez más lejos, poniendo en ello toda su fuerza y su concentración... Hasta que, cuando quedaba una sola piedra, el sol empezó a salir.

El pescador, enojado al darse cuenta de que no había extendido sus redes y había perdido la pesca de ese día, se preparó para tirar esa última piedra más lejos que las demás, pensando esta vez en la madre del que tiró la bolsa al mar...

Sin embargo, justo en el momento en que estiraba al máximo el brazo hacia atrás para darle fuerza al lanzamiento, el sol despuntó y empezó a alumbrar. Fue en ese momento en el que el protagonista vio en la piedra, por primera vez, aquel extraño brillo dorado y metálico.

Sorprendido, el pescador detuvo el movimiento y la miró con atención. La piedra reflejaba cada rayo de sol en la ranuras del moho que recubría la roca.

El hombre la frotó contra su ropa, como si fuera una manzana, y la piedra empezó a brillar más todavía.

Asombrado, empezó a limpiarla con esmero, frotándola con arena y lustrándola contra su pantalón y su camisa. La piedra no era simplemente una piedra, era un enorme pedazo de oro macizo, del tamaño de una naranja.

Y entonces se dio cuenta de algo que lo hizo temblar. Aquella «piedra» era seguramente igual a las otras veinte o más que había tirado al mar.

Y pensó:

—¡Qué tonto he sido! He tenido entre mis manos una bolsa llena de piedras de oro y las he ido tirando una a una, fascinado por el sonido estúpido que hacían al entrar al agua y enojado con mi benefactor.

El pescador siguió lamentándose de su mala suerte y quejándose en voz cada vez más alta, hasta que, impotente, comenzó a llorar el dolor de las piedras perdidas. Había tenido la posibilidad de ser infinitamente rico y la había desperdiciado. Se sentía un desgraciado, un pobre tipo, un idiota...

Y el sol acabó de salir.

Y en aquel momento él se dio cuenta. Tenía aún en su mano la última piedra. Por suerte, todavía tenía una piedra. El sol podría haber tardado un segundo más o él podría haber tirado alguna piedra un segundo más rápido... Y nunca se hubiera enterado del tesoro que ahora tenía entre las manos.

Se dio cuenta finalmente de que una sola piedra de oro es, por supuesto, un enorme tesoro, una fortuna enorme e impensable para un pescador como él. Miró al cielo y recordó, quién sabe por qué, aquella frase de la Madre Teresa de Calcuta:

Todo lo que hice en mi vida es solamente una gota en el océano, pero me consuela pensar que si yo no lo hubiera hecho, al océano le faltaría mi gota.

El pescador sonrió.

Él ahora sabía que, sin lugar a dudas, era una suerte poder tener todavía el oro que sostenía entre sus manos; pero también terminó de darse cuenta de que él ya tenía un tesoro cuando despertó aquella madrugada, mucho antes de encontrar una piedra.

El pescador cargó sus redes al hombro y volvió a su casa más temprano que de costumbre para encontrarse con su esposa y sus hijos, sintiendo que, desde hacía mucho tiempo, era enormemente afortunado...

Epílogo

Recuerda...

Deberás estar atento, con los ojos bien abiertos y la mirada curiosa.

Deberás cambiar de lugar en vez de esperarla siempre en el mismo sitio, porque bien podría ser que ya haya pasado por allí y nunca repita su paso.

Deberás verla acercarse, reconocerla.

Tendrás que acercarte cuando pase por tu lado: si te distraes no la podrás agarrar ni de la trenza porque ésta cuelga hacia delante.

Si se te escapa no la persigas, porque corre mucho más rápido que tú.
Sólo aprende y permanece alerta para la próxima vez que te cruces con ella.

Me preguntarás: ¿qué pasa si nunca más te la encuentras...?
No te preocupes ni me preguntes cómo lo sé...
Pero, si te mantienes en movimiento, te la volverás a encontrar... No lo dudes.

ALLEN, Woody, *Match Point* (película estrenada en 2005).

BEAZLEY, Sir John D. y ASHMOLE B., *Greek Sculpture and Painting to the End of the Hellenistic Period*. Cambridge University Press, Cambridge, 1932.

BOECIO, Severino, *La consolación de la filosofía*. Alianza Editorial, Madrid, 2005.

CARLSON, Richard, *No te ahogues en un vaso de agua*. Grijalbo, Barcelona, 1998.

CARR, A.H.C., *Cómo atraer la buena suerte*. Obelisco, Barcelona, 1995.

DALAI LAMA, *El arte de la felicidad*. Grijalbo, Barcelona, 1999.

DELEUZE, Gilles, *Nietzsche y la filosofía*, Anagrama, Barcelona, 2002.

FROMM, Erich, *Obras completas*. Paidós Argentina, Buenos Aires, 1993.

HESÍODO, *Teogonía*, Alianza, Madrid, 2005.

HORACIO, *Obras cumbres: sátiras, odas y epístolas*. Editorial Nueva, Buenos Aires, 1967.

JAFFE, John, *Cree su propia suerte*. Amat, Barcelona, 2001.

RESCHER, Nicholas, *La suerte: aventuras y desventuras de la vida cotidiana*. Andrés Bello, Barcelona, 1997.

ROVIRA CELMA, Àlex y TRÍAS DE BES, Fernando, *La buena suerte*, Empresa Activa, Barcelona, 2004.

SHAKESPEARE, William, *El rey Lear*. Espasa-Calpe, Madrid, 1998.

SHAKESPEARE, William, *Macbeth*. Espasa-Calpe, Madrid, 1998.

TWERSKI, Abraham, *It's not as tough as you think*. Shaar Press, Nueva York, 1999.

VYSE, Stuart A., *Believing in magic: The Psychology of Superstition*. Oxford University Press, Oxford, 2000.

WISEMAN, Richard, *Nadie nace con suerte*. Temas de Hoy, Madrid, 2003.